好散

也是一種幸福

賴芳玉

著

目次

附錄

推薦序・我被賴芳玉騙了

林青蓉　主持人

初嘗戀愛滋味到現在，快三十年了！

從對愛情懵懂，以為王子和公主終於快樂在一起，人生就圓滿，到現在，自己當然不再是公主，而周邊也找不到王子，更知道愛情和婚姻不可能該死的如此簡單，但究竟該如何期待、呵護、維繫？又如何在兩人真的無法繼續攜手時，接受、面對和放下？

愛情和婚姻這堂課，我和我的朋友們修了幾十年，到現在沒人敢說自己修業完成。

去年，賴律師提起想寫一本和愛情有關的小說，身為好友，雖不好當面澆冷水，但心裡卻嘀咕：「寫小說和寫訴狀可是大大不同哦！」尤其是談愛情的書，市面上已是汗牛充棟，能寫出新意嗎？說真的，當下期望不高（賴律師，對不起！哈！）。

幾個月後的一個深夜，突然接到賴律師的e-mail，傳來第一版手稿，一則受寵若驚，有幸成為初稿的拜讀者之一；再者，也好奇，律師筆下的愛情小說好看嗎？

沒想到一開始閱讀就停不下來，一篇篇小說的主角人物角色如此鮮明，他們就像是我所見過的愛情眾生，也或許，有些就是我自己！

讀畢，我掩卷歎息，我覺得我被騙了！我心裡的口白是：「天啊！她竟不只是臺灣頂尖的家事法律師，也真是一位好作家。」而這點，我過去一無所悉。

認識多年，我以為我認識的賴律師，面對各種情愛紛爭總是雲淡風輕甚至無感，有時我講得一頭熱，就看到她淡淡笑笑（有點像書內的化妝師美雲），以為她見多了，所以對愛情和婚姻，出世得如老僧入定，但看完書才知，她有顆溫暖通透菩薩心，是看透而不是看破。

架構在許多實際案例的故事，雖虛構卻有血有肉，文筆流暢洗練，讓人誤以為她是個經驗豐富的情愛小說作者，剖悉人性的犀利程度，又讓人以為她是愛情專家，但在每篇小說最後，專業而精準的法律分析，卻又如此清楚提醒你我，沒錯，作者是律師。

但至今我仍很納悶，一個如此頂尖的律師，如何右手寫訴狀，左手寫愛情？而且寫得真好！

不管你是婚姻的過來人或是初學者，都建議你看這本書，裡面各個短篇故事會像萬花筒般，映照出愛情的各種面向，而個案法律分析，則是闖蕩現代愛情叢林必備的護身符。

嘿，賴芳玉

許常德 作家

你現在看到的這位賴芳玉，不能代表賴芳玉。

要和她的靈魂相配的外表可不是這麼乖乖牌的，至少她那叛逆的樣子沒有呈現在她的服裝裡，而且她一點都不服傳統，她最知道傳統是多麼變態的巨獸，因為她每天都在處理傳統製造出的一堆麻煩。

電視上的專業人士，有關於婚姻與感情區塊的專家們，觀念能與時俱進的沒幾個。他們大都是習慣站在大框框裡的安全人士，他們習慣用微調的方式，習慣告訴自己這世界就是這樣，習慣說服自己去接受還可以的人生。

但賴芳玉很會在她那看似不犀利的包裝下突破重圍，她也許會跟我一樣勸你離婚，她也許會和你站在第一線陪你勇敢迎戰，她也許勸你放下複雜的面具……是的，她超越了她該做的專業本分，她的正義熱情會忍不住要改變什麼，趁這個經歷去學到什麼？

如此表裡不一的賴芳玉，她可以在未來不斷的「變裝」，因為她有理解怪胎的同理心，因為她有舉出矯情的正義感，她在很多發言裡的不疾不徐，不表示她沒有攻擊性。這也是她會找我寫序的原因，像我可不是會全說好聽話的，但她可以冒這樣的危險，冒著觸怒一看到許常德就倒胃口的讀者。

這是個快速變化的時代，我們對於未來不能再用過去的習慣看待，以前寄一封信往返最少就要幾天，現在只要一個按鍵；以前建設公司提出的新方案大都是全家一起住的，未來可能都是單身公寓。世界如此遽變，你若如此固執，那就需要一個賴芳玉幫你開個藥方，讓你從最新的案例去綜觀時代，不用空談道理，也別只是依據現實，解讀需要更前瞻的態度才能不故步自封，不要總是用對自己有利的陳腔濫調，去解決你人生的重大問題。

對啊，賴芳玉可以帶你離開你原來的思維，去別人的故事裡，做一趟人性的實驗，看看自己是不是有所堅持仍保初衷，還是比自己原先想的還要複雜？

有次她提到和小孩的一次對話，她說小孩犯了錯後跟她提議，他會善後並自行處置，比如去面壁罰站。結果她跟小孩說，她也陪小孩去面壁，因為發生事情就情緒處理也是該檢討的。舉這例子，不是要你注意她有多公道，而是她總能看到更高的重點。

她要出新書了，這樣的人寫的書，不會只是案例，一定會有更屌的指引。

作者序．既然沒有好的愛情／婚姻，不妨來場好的分手／離婚

有人告訴我，每本書都有她的生命。如今，我相信了。

《好散，也是一種幸福》，二〇一五年出版，出版一週就再刷登上暢銷書榜，中間斷續再刷多次，直到二〇一九年年底，我赫然發現網路書店已掛上「絕版」兩個字。

這年頭分手悲劇這麼多，好散還這麼難，多少人至今還在困境中含著苦楚，這本書怎可以輕易絕版？我帶著淡淡的失落詢問原委，才發現總編竟遠走他鄉斜槓去了，剛返國回到出版崗位，經我追問，他也才發現早已無庫存，因此決定改版，延續這本書的生命。

因緣際會下，《好散》，繼續了她的使命。

幾年前，我以麝香玫瑰、麒麟花、飛燕草及紫色風信子等花語：善變、防衛、自由、悲傷和嫉妒，探討愛情及婚姻裡的自然態樣，讓我們學習如何接受它並善待這場過程，縱然分手，也能轉化成自己的生命經驗，領悟出好散的智慧及自在的幸福。

由於這本書藉著美麗的插圖和花語，用短篇小說談愛情和婚姻，說真的，乍看很浪漫，但內容卻是殘酷，因為都是分手的故事。

當時總編閱讀完書稿，嘆口氣，冒出一句話：「好散，也是一種幸福啊！」於是，他的感嘆定調了這本書書名。

後來，我才明白這句話是許多人的共同嘆息。

這些年，有些讀者留言他們藉這本書走出愛情困境，也不少部落客朋友在網路上分享喜愛的句子。我想藉著改版之際，也摘錄書中幾個句子，或許更能傳達這本書的觀點。

「婚前婚後本來就該不一樣，不論是時空背景的不同，從情人轉變成夫妻關係，不僅身分不同了，還加進很多『姻親』關係的人。」

「即使歲月，也不曾挽留過一絲一毫的過往，你我又何須執著於曾經。」

「選擇並承諾愛上一個和自己一樣不完美的人，或許已是接近真愛的詮釋了。」

「我們因為所愛的人願意交換出自由，但那是願意，不是被強迫。那個願意，也是自由。」

「愛是自由，也不自由；而婚姻，更要用自由來換另一個人的自由。如果有一天不換了呢？或妳要的太多，或他要的太多呢？可不可以不要全部交換，讓出一些自由的空間，別讓婚姻昂貴到買不起？」

「剝奪對方的自由，一點都無關乎愛，所以別以愛之名做得理直氣壯。」

「如果什麼都做了，什麼也改變不了，那就考慮是否放手。至少不會反覆在相同的事件和關係中拉扯，陷入深沉的無力感和無窮盡的悲傷中。」

但無論如何，分手是痛苦的，對挽留的人或被挽留的人，都是困難的歷程。如果真的太艱辛，不妨尋找適合的諮商心理師陪伴自己走過這趟情傷的旅程，真的別硬扛，也別假裝堅強，請允許自己脆弱。

這本書很受前來法律諮詢的朋友喜愛。

許多前來事務所的朋友，在會議室等候法律諮詢期間，翻閱書架上這本書時，發現自己的問題，在書中可以找到些許答案。於是，常在法律結束後洽詢如何購買這本書。

的確，這本書在每篇故事後面，提供關於家事案件的法律常識，諸如訂婚、婚姻、未婚生子、離婚、扶養、撤銷贈與及遺囑等相關法律問題。也在附錄編入結婚登記書、離婚協議書、未成年子女親權規畫的建議書。誠如一位律師同道說的：「賴律師，妳真慷慨啊。」

我確實很慷慨地提供法律解說和範本，但法律和家事實務的複雜，遠超過你的想像，僅憑這些內容，還不足以讓人應付家事訴訟，充其量只是約略讓你聽懂律師或法官正在說甚麼而已。訴訟就如進醫院，有各項繁複檢查、開刀、化療等各種醫療方式，不是僅憑簡單的常識就可以應付。所以若有法律事件，還是建議攜帶相關資料向律師當面諮詢，至多把這本書當做法律諮詢前的功課，或諮詢後的溫習。

有件事很值得玩味。當年這本書的發表引發媒體報導，並不是我倡議「好散，也是一種幸福」的觀點，而是書內訪談了民初叱吒風雲的上海皇帝杜月笙女兒杜美如，當年她八十五歲，卻如同一個少女般的身形和笑容。我藉著專訪去探索那個年代的愛恨情仇，諸如杜月笙與京劇名伶姚玉蘭、梅蘭芳與孟小冬及黃金榮與林桂生的愛情。而姚玉蘭與孟小冬如姊妹般的閨蜜，竟是在梅蘭芳與孟小冬分手時，姚玉蘭託自己丈夫杜月笙納了孟小冬為「五太太」，這放在這年代的女性，大概已經被媒體公審了，而杜美如的回應也著實讓我印象深刻。「媽媽說，反正他也不是她一個人的丈夫。」這句話也反應了那年代女性承擔著傳統社會給女人的委屈吧。

最後，還是感謝好友林青蓉、許常德撥冗專文推薦，也感謝多年來讀者願意支持我繼續寫作，並衷心期待這本書，讓正在經歷分手的朋友們有些體悟與幫助，在沒有好的愛情或婚姻時，也能找到好的分手或離婚。

好散，真的是一種幸福。

1

麝香玫瑰——善變的愛

麝香玫瑰有著雪白花瓣，吐著金黃般的花蕊，
有著純潔和魅力兼具的風華。
據聞原種產於喜馬拉雅山，經過園藝師的研究改造，
目前分做多種顏色及花型，但依然保有著麝香般的香氣，
有人說她的花語是「善變」。
世事本多變，愛亦如是，若非多變，如何來的悲歡離合。
奈何我們總盼著永恆，在永恆的期盼裡跌跌宕宕。
跌得是一生，還是一時，端看我們對永恆的執著有多深。
這是一則關於愛情、婚姻與善變的故事。

這一晚。

朵朵煙花絢麗了暗黑天空，彷彿桃花林內隨風搖曳，舞出的那片繽紛落英，美麗如斯，但爛漫後的陣陣煙硝，卻帶出東施效顰的違和，讓這片植栽在天空，不在大地的煙花，虛幻又虛假。

「妳願意嫁給我嗎？」穿過玻璃的煙花投影在男人雙眸間，凝聚出點點期盼。

女人抬眼嬌羞地望著男人，泛著淚光，遲遲無法言語。

這女人，朱莉，年二十八歲，未婚。

難忘的求婚夜

對於偉凡突如其來的求婚，朱莉愣著無法回應。

在公司聯誼的場合中，朱莉認識了身為H公司總經理特助的偉凡。不久，兩人開始交往，偉凡相當體貼入微，經常帶著朱莉到處旅遊，就像一般的情侶。或許兩人都到了適婚年齡，交往一年後，偉凡就在跨年這一晚，訂了一間視野可望見煙火秀的餐廳包廂，與朱莉及幾位好友一起跨年，沒想到這特殊的夜晚，偉凡處心積慮地安排了求婚。

答應嫁給他嗎？有何不可？但兩人相愛嗎？愛到足以承諾牽手一生嗎？朱莉心中盪過一堆猶豫，眼前真的沒有答案，但也害怕錯過。

「嫁給他、嫁給他、嫁給他……」，周遭友人群起鼓譟，拱著朱莉點頭。這氛圍讓她只能嬌羞地低頭，並暗暗地瞄著偉凡，但見他從友人手邊接過一束玫瑰捧花，嘴角微揚地凝望著她，「小莉，妳願意嫁給我嗎？」他低頭再次在朱莉耳鬢邊輕問。點頭吧，朱莉心想，這浪漫的氛圍，讓她臉紅心跳，這應該就是真愛吧。於是，她輕輕地點頭。

「哇！她點頭了！」「親下去、親下去！」眾人又開始起鬨，偉凡輕摟朱莉，笑著低頭親吻她染滿紅霞的臉頰。

「砰！砰！」煙花再起，絢爛地拋在天際，彷彿七彩繡球，落在相擁的情侶眼裡，繡球花捧在心上了。

這一夜，很難被遺忘。

待嫁女兒心

「篤、篤……」凌晨五點，一位女士帶著軟帽，身著休閒寬版低腰牛仔褲，拖著行李箱，在靜默的巷弄間隨著路面的凹凸彈出高低音頻的滾動聲，格外清晰，她像識途老馬地拐進另一個巷弄，在一間公寓前停了下來。

「阿莉，我是美雲，下來開門吧。」美雲按電鈴後，便褪下身上薄外套，掛在手肘間，在六月微涼的清晨裡，她竟走出一身薄汗。

「美雲！妳怎麼來的？」朱莉穿著棉質睡衣，跑著下樓開門。

「我走路過來的。這麼早，捷運沒開，心想時間還早，乾脆走路當運動。」美雲邊說邊摘下帽子，覺得這樣散熱比較快。

「真的太謝謝妳了，那麼早就來幫我化妝，我幫妳拿行李吧。」朱莉說著便伸手去拿美雲手中的行李。

「嘿！妳忘了我的習慣了嗎？這行李箱裡的東西全是我吃飯的工具，不讓人碰的。」美雲沒好氣地瞪著朱莉。

「哎呀，我忘了嘛！瞧妳走得累了，老公寓沒電梯，才想幫妳提行李。」朱莉忘了她這位高中同學，自學生時代就很有個性，有稜有角，經常得罪人。入了社會後，從事彩妝，也虧得她一身專業，否則見到人總是一臉酷樣，哪來的客戶。

兩人拾階而上。

「美雲，早安，謝謝妳來幫阿莉化妝啊，快進來。妳還沒吃早餐吧，我準備了早點。」朱莉媽媽笑吟吟地站在門口，她推開已然隨著歲月褪色的紅色油漆大門，半掩的門口透出屋內光亮。

「謝謝朱媽媽，我不餓。」美雲搖頭。進門後彎腰地在玄關脫去短靴。

朱莉瞥了美雲一眼，「媽，我先帶美雲進房間吧，她習慣工作結束才吃東西。」

美雲打開行李，把化妝道具一一攤在梳妝臺，然後望了一下鏡中坐在梳妝臺前的朱莉，抬眼估量著房間的燈光顏色，再半蹲身子湊在朱莉的臉龐邊，望向鏡中的兩人，判斷著朱莉原來的膚色，才緩緩地從工具箱內取出幾瓶粉底液，低著頭調色。

朱莉怔忡地看著美雲低頭專注地調勻相混的粉底液，散亂短髮在燈光下，使她的臉頰邊投下參差不齊的陰影，顯出她不羈的氣質。

「美雲，妳現在還是覺得單身比較好嗎？」朱莉忍不住問美雲。

「嗯。」美雲直接回應，抬眼瞥了鏡中朱莉一眼，她不太想和一個即將當新娘子的女人聊單身主義這件事。

「美雲，我好緊張，心頭空空的，妳為這麼多新娘子化妝，她們也都是這種感覺嗎？」朱莉說出待嫁的心情，手心略略冒著汗。

「我沒和新娘子熟到可以聊心事。」美雲還是一臉酷酷地，但慢條斯理且溫柔地用粉底刷，刷在朱莉額頭上。她不喜歡用單一顏色打底，這會讓臉頰過於平面，也會堆疊過厚的妝感，所以她習慣用著不同深淺的粉底液勻在臉上，顯出臉部輪廓的立體感。

那張臉是她的畫布，而她畫圖時，向來沉默，她衷情於彩繪，不擅長和人交往，自是不願和朱莉多言，她總是畫皮，不畫心。

朱莉得不到回應，心慌慌地沉著一張臉。

美雲皺著眉，瞥了朱莉一眼。因朱莉陰暗的心情讓她的畫布不美了，再高超的化妝技巧，也遮掩不住臉上因心情帶來的暗沉。

美雲嘆了口氣，「阿莉，每個人緣分不同，妳同誰比較去？答案誰能給，也只有自己的心，哪怕一千張嘴給妳一千個答案，也都不是妳的答案。」

朱莉望著鏡中的美雲，陷入沉思。她不明白美雲為什麼始終選擇單身，結婚有個伴侶、有著天使般的孩子，還有家的歸屬感，這是女人最大的夢想，難道不是嗎？

鏡中的女人，身著一襲改良式紅色小碎花旗袍，挽著復古髮髻，綴著小珠花，深邃眼眸，如桃花般地勾勒著待嫁女人的嬌媚。

「美雲，謝謝妳，妳真的是最專業的妝髮師。」朱莉由衷地讚歎美雲的專業。

「妝容不是變臉，而是突顯原來的妳而已。」美雲似乎對自己的作品也很得意，便開心地分享了心得。

「哎呀，真漂亮的新娘子！讓我瞧瞧！」一位五十幾歲、身著大紅洋裝的女士，步入房間便扯著嗓子，用足以驚擾停在樹梢鳥兒的音量大聲嚷嚷。

「許媽媽，妳來了。」朱莉轉身招呼媽媽的好友，也是今天的喜娘。

朱莉媽媽也隨著喜娘一起進了房間。

朱莉媽媽打量著這唯一的美麗女兒，心中沉甸甸地無法言語，眼眸間浮出的點點酸澀，趕緊轉移注意力，瞧見美雲蹲著身子整理行李，「美雲，等一下留下來參加訂婚宴嗎？」

美雲起身，「不了，朱媽媽，我接下來還有工作。」她看朱莉還忙著和喜娘敘舊，便把手上化妝包遞給朱莉媽媽，「這化妝包內是粉撲和胭脂，給小莉補妝用的。」

朱莉餘光發現美雲準備離開，便向許媽媽點頭表示歉意，以眼神喚著她媽媽招呼喜娘，從梳妝臺抽屜拿出紅包，捏在手上。

「美雲，妳真的不留下來嗎？」朱莉隨之把捏在手上的紅包悄悄地遞給美雲。美雲愣了一下，有些啼笑皆非，心想這本是妝髮費，何須如此遮掩，或許這就是儒家思想的後遺症。

「美雲，結婚那天也要騰出時間幫我化妝喔。」

美雲看到朱莉嬌憨的笑容，也染出她分寸間的柔軟，心想，懷抱著幸福的希望，應該就是待嫁女兒心吧。她收拾行李後，便在塞滿廳堂的道賀親友間，鑽了身子邁出那扇張貼著斗大喜字的紅門，耳邊還傳來「新郎喜車快到了！」「快！甜茶準備好了嗎？」「餅舖送來的喜餅擱在門口了嗎？等等連同聘金和六禮放一起」……

母親的心情

一屋子溫馨，母女倆窩在床上交換心事，不時地傳來嬉鬧聲。

「媽媽，妳當時為什麼決定嫁給爸爸？」朱莉穿著睡衣趴在床上，膩在媽媽身邊，不肯離去。

爸爸在她高中那一年因公去世，媽媽傷心欲絕，母女兩人相依為命，感情深厚如姊妹。很多年來，她和媽媽很有默契地避談爸爸的話題，但在即將結婚的特別日子裡，朱莉很想和媽媽聊爸爸，假裝爸爸還沒離去。

「當我看到妳爸爸時，直覺認為那就是我的家人。」媽媽憶起當時老公的模樣，臉上泛著甜蜜。

像家人？她好像沒有這種感覺。

「媽媽，妳和爸爸交往多久決定結婚？」朱莉像扒八卦似地問。

「爸爸是我好友的哥哥，我們交往一年多就決定結婚了。」媽媽寵溺地抬手撥了撥朱莉散落在額頭的亂髮，別在耳後。

「爸爸當時怎麼求婚的？」

「哪有甚麼求婚啊，妳爸爸說奶奶挑好結婚的日子了，既然是長輩的意思，我哪能有意見，就順著辦婚禮了啊。」

「吼！爸爸真不浪漫，竟拿長輩來壓妳。」

「他是靦腆，不是拿長輩來壓，我們都保守，只能拿長輩起個話頭啊。妳結婚後，也要對長輩孝順，不能像在自家一樣任性喔。」

「媽，我知道啦！」其實，朱莉想說的是，她雖想結婚生子，但不確定偉凡是否真的是她命中註定的伴侶，她沒有如媽媽見到爸爸像家人的感覺。

「好了，趕快睡吧，別胡思亂想了。」媽媽如女兒幼時般地輕撫著她的頭，她真的很不捨這女兒，也真的沒把握這個家沒有了女兒，一個人該如何過。她不敢往深處想，為了女兒幸福，就算獨身日子寂寥，也得挺過來，不能造成女兒壓力。

「媽媽，我還不想睡啦！我想知道結婚是什麼樣子？爸爸婚後有改變嗎？和婚前一樣嗎？」朱莉慢慢地丟出內心的不安。

「結婚就是成家，兩人要同心為這個家的未來而努力，不能任性，必須開始負起責任。爸爸婚後有改變啊，變得更有責任心，照顧著這個家，照顧我和妳……」此時媽媽已壓不住思念而哽咽。

朱莉不敢接話，趕緊起身抱著媽媽，「媽媽，對不起，不說了、不說了。」媽媽抑不住淚水，緊緊抿著唇，媽媽的哭泣總是沒有聲音，但更顯得悲痛。

浪漫褪色的前兆

朱莉開心地挑著婚紗照，見到一張張像明星般的照片，愛不釋手，一連挑了四十五組照片，超過原來二十組的預算。

「新娘子真的很漂亮，尤其坐在湖邊和船筏上的這組婚紗照。」婚紗公司店員笑吟吟地回應。

「老公，我挑這麼多可以嗎？」朱莉撒嬌地勾起偉凡的手肘。

偉凡瞟著坐在旁邊的店員，勉強牽動著嘴唇，「當然沒問題。」

「好的，我們有幾組相簿，都有不同的價位，你們也可以參考看看。另外婚禮的相框，也可以順便選擇。等一下我們另一組工作人員會和新郎新娘討論婚禮的流程。」婚紗公司店員逐一介紹著商品，朱莉興沖沖地和店員討論相簿的設計。

偉凡沉聲地說：「妳決定就好，我到外面回幾個電話。好了再叫我，我就在門口。」說完，即起身離開。

「偉凡！」朱莉起身喚著偉凡，但偉凡充耳不聞，繼續往門口邁去。朱莉欠了欠身向店員表示歉意，即尾隨著偉凡到門口。

「你怎麼了？」朱莉看著偉凡沉張臉，便拉著偉凡的手撒嬌。

偉凡深吸一口氣，才說：「我沒事，妳進去挑吧！我等一下還有會議，妳挑完，我先送妳回家再去公司。」

「你真的沒事？」朱莉狐疑地看著偉凡。

關係惡化

偉凡眼神微斂，神色難辨。

「妳以為釣到金龜婿嗎？買一套沙發竟要十萬元，妳刷卡不心疼嗎？」偉凡一進門便拿著信用卡帳單，往朱莉臉上扔。

「你說什麼？你怎麼這樣說話？」朱莉覺得結婚喜宴後，偉凡變了。

「別裝了！妳和妳媽難道不是認為我是凱子嗎？聘金六十六萬元，妳去問現在有人收聘金嗎？有收這麼高嗎？喜餅兩百份，我不信你們有多少親友，竟要兩百份喜餅？」

朱莉懵了，她從不知道偉凡心裡壓著這麼多事情，她不相信偉凡真的這麼想。

「你今天怎麼了？是不是公司發生什麼事？」朱莉靜下心來，心裡不斷為偉凡的咒罵找藉口。

偉凡瞪著朱莉，他今天確實被總經理飆罵了一陣，心裡嘔到不行，倘若不是要支撐著這個家，他真想辭職不幹。但一回到辦公室便看到桌上的信用卡帳單，這個月帳單竟高達三十萬元，除了支付婚紗照外，還有沙發。那張該死的紅色沙發，他一點都不喜歡，但朱莉執意要買，他乾脆眼不見為淨，讓朱莉做決定，今天才知道那張沙發竟要價十萬元。想來就一肚子火，但他一點都不想跟朱莉說，於是生氣地把手上公事包擲在沙發上洩憤，便轉身摔門進了房間。

朱莉嚇了一跳，坐在沙發上嚎啕大哭。

為了沙發，兩人冷戰幾個月，這段期間偉凡搬離主臥室，睡在書房，甚至賭氣絕不坐那張沙發，於是兩人幾乎沒有任何交集，朱莉很鬱悶，終於下定決心想要與偉凡徹底攤牌。

「偉凡，我們能不能談談？」已是凌晨一點，朱莉坐在客廳，苦苦地等著偉凡回家。

「我上班已經很累了，沒有妳好命，可以在家睡到自然醒。」偉凡脫下外套，便往書房裡走。

「你說話非得這麼尖銳嗎？」朱莉已是哽咽。

「這麼晚，妳要找我吵架嗎？朱莉，放過我吧！」偉凡嘲諷地說。

「我掛在這裡的襯衫呢？」偉凡轉頭嚴厲質地問佇立在門口的朱莉。

朱莉嚇了一跳，趕緊回答：「我拿去洗了，我看到領口有些汗漬，所以一起送洗了。」

「那是我明天要穿去開主管會議，何況才穿一次，妳就送洗，好闊氣啊！妳是當我開銀樓嗎？」偉凡氣得逼近朱莉。

朱莉害怕地往後退幾步，淚水隨著搖頭簌簌地淌滿雙頰。

「妳覺得我欺負妳嗎？饒了我吧！朱莉，誰欺負誰？妳怕我？是我怕妳吧！」偉凡冷笑著轉身走到書桌前，脫下外套。

「你變了，從前你不會這樣！」朱莉不禁哭喊著。

「我變了什麼？唯一改變的就是看清妳而已。麻煩妳離開好嗎？我換衣服的時候，可沒習慣有人在旁邊觀賞。」偉凡不冷不熱地丟出這句話後，低頭準備換上睡衣。

「我們離婚吧。」朱莉深吸一口氣後，終於鼓起勇氣說出心裡話。

「哈！朱莉，有點法律常識吧，沒結婚登記，結婚都還沒有效，談離婚還早呢！」偉凡絲毫不受影響地繼續更衣。

朱莉看偉凡如此冷酷地回應，對這段婚姻徹底死了心，跑進主臥室，鎖門後徹夜收拾行李，準備一早偉凡上班後，她就離家。

破鏡無法重圓

朱莉下了計程車，卸下車內行李，狼狽地拎著行李，一手還拖著大行李箱，緩慢地拐進巷口。

到了巷口，便望見媽媽滿臉擔憂地佇立在公寓門前，朱莉心裡泛起陣陣酸澀，快步走到門口，丟下行李後緊擁著媽媽，啜泣著解釋：「媽媽，我沒有任性！真的，我盡力了……」

「傻瓜，我明白，我當然明白。走吧，我們回家吧。」媽媽含淚撫著女兒的頭。媽媽彎腰拾起朱莉丟在地上的行李，朱莉抹抹臉，趕緊提起行李箱，尾隨在媽媽身後。

媽媽轉頭確認朱莉尾隨在後，便提著行李蹣跚地拾階而上，邊用手偷偷地拭去眼角淚水，但淚水卻愈奔愈多，幾乎模糊視線。

朱莉抬眼望了媽媽佝僂的背影微微顫抖著，有些遲疑地喊：「媽……」

「小莉，我今早接到妳的電話後，就到市場旁那家燒臘店買了妳愛吃的叉燒，等等再煮個湯、炒個青菜，就可以吃飯了。妳先把行李放到房間，盥洗一下。」媽媽不想讓女兒看到自己的淚水，頭也不回地扭開鑰匙打開門後，直接把行李擱在客廳，便往廚房裡頭忙。

「媽媽，我換好衣服了。」朱莉輕喚站在爐子旁的媽媽。

「嗯，先把菜端出去，湯快好了。」媽媽一如往常吩咐著。

朱莉恍神地站在門口，彷彿沒聽見媽媽的聲音。

媽媽回頭望了朱莉一眼，瞧見她好像掉了三魂七魄，又喊了一聲：「小莉，把菜端出去。」

母女坐在餐桌。朱莉手持著筷子，無意識地撥弄碗裡的飯粒，即使餐桌上有她愛吃的叉燒，她也沒有任何胃口。媽媽也不勉強朱莉，草草地吃完飯，便起身端起空碗往廚房裡走。朱莉此時才回神看到媽媽已經用完餐。

「吃不下就別吃吧。」媽媽頭也不回地說。

「媽媽，對不起！」朱莉望著媽媽單薄的背影，突然覺得自己實在很沒用，沒能好好照顧媽媽，還讓她為自己擔心，想到這裡，便開始嚎啕大哭。媽媽聽見後，嘆了口氣，轉身回來把空碗擱在桌上，抽些面紙遞給朱莉。朱莉的淚水濕了一張又一張，幾乎用掉半盒的面紙，才稍微停歇。

媽媽看到女兒這麼傷心，雖然心疼不捨，但心頭想著：「老伴啊！我們的女兒要長大了。」

「媽媽，偉凡婚後像變個人似的，每件事都跟我斤斤計較，數落我花他的錢，從聘金、婚紗到蜜月的錢，都有話說。連我支配家用，也罵我浪費。他每個月薪水十萬元，又要繳房貸，還有買投資型保險、繳水電費、大樓管理費，我能花他多少錢？已經很省了，家裡裝潢、買家具，我也補貼自己的積蓄啊，他竟然為了沙發跟我翻臉！他婚前根本不是這樣的！」朱莉不斷哭訴著這些日子的委屈。

媽媽沉默不語，她說什麼都不對，幫偉凡說話，女兒傷心，如罵了偉凡，女兒把她的話放心上，小倆口怎麼復合？她也只能老生常談地說：「過些時候就會好了，哪對夫妻不是這樣啊！」

然而，接下來的日子裡，偉凡竟然都毫無動靜。朱莉不是望著電話出神，就是把自己關在房裡，除非媽媽喚她，否則幾乎不出家門，也不說話。

幾個月過後，朱莉等不到偉凡一通電話，甚至連簡訊都不回應，她想一切真的都結束了。直到她收到偉凡委託律師到法院訴請返還贈與物及損害賠償，內文裡的指控讓她心驚膽顫，徹底寒了心，把原來殘存的情意及期盼都一掃而空，於是她才打起精神，委託律師打這場法律戰。

法庭上算總帳

法庭裡，原告席上坐著偉凡和他的律師，被告席上坐著朱莉的律師，而朱莉則坐在證人席上。

「原告說訂婚時，他送了妳一只×牌的戒指，就是這張照片，有這件事嗎？」法官拿出一張照片，詢問朱莉。因偉凡的律師聲請傳喚朱莉當做證人，所以法官進行訊問證人的程序。

朱莉蹙眉回憶，是了，那張照片是偉凡的朋友在求婚那晚拍攝的。照片中的她和偉凡被友人拱著喝交杯酒，兩人甜蜜地貼著臉頰，雙手緊緊交握在鏡頭前，而她的無名指清晰地圈著那只戒指。

「那是求婚時原告送的，不是訂婚時送的。」朱莉忍著不望坐在原告席上的偉凡，並極力地壓抑著因譏諷而起的嘴角。

「那是哪一天？」法官問。

「去年一月一日，法官，我需要說幾點嗎？」朱莉抿著嘴回答。

「不用了，妳認為那天不是訂婚日嗎？」法官問。

「當然不是。」朱莉搖頭。

法庭上傳來書記官敲打著電腦鍵盤，冰冰冷冷地記錄著朱莉所說的每句話。

法官問：「房屋窗簾、沙發、冷氣、茶几等家具共六十萬元，廚具一百萬元，這裡有張估價單，妳看一下。」

「我沒有意見。」朱莉臉色木然地看著估價單。

「原告主張聘金六十六萬，另訂婚時送了兩條金飾及金戒指，價值三十萬元，妳有意見嗎？」法官問。

朱莉瞥了偉凡一眼，然後面無表情地說：「沒意見。」

「原告主張婚紗公司消費，包括拍婚紗、代辦婚禮及影帶剪輯等共二十萬，這是估價單，妳看一下，有意見嗎？」法官面無表情地念著估價單上的明細。

朱莉搖頭。

「被告，搖頭是沒有意見，還是否認？」法官有些不耐煩了。

「沒有意見。」朱莉有些緊張。

「原告主張蜜月旅行的旅費，共二十萬元，這是刷卡帳單，有意見嗎？」

「沒有意見。」

「原告主張婚宴費用五十萬元，加上酒水費及服務費後，再扣除所收禮金，已無剩餘。」

「有些是女方所收的禮金，這部分可以還我嗎？他可以把我的禮金拿去付喜宴的錢嗎？」朱莉怯生生地問法官。

「這點妳可以問妳的律師，那婚宴費用加上雜支部份開銷的單據，有沒有意見？」法官蹙眉地問。

「沒有意見。」朱莉嚇得不敢多言。

法官轉頭問原告和他的律師：「你總共告二百九十六萬元嗎？」

「庭上，原證八的信用卡單據，還沒提示被告。」偉凡律師起身提醒法官。

「這些是原告主張買給妳的贈與物，有化妝品、服飾、皮包等，妳自己看。」法官請錄事直接交給朱莉看。

「我不知道這些刷卡單上是給誰的？」朱莉看了一堆帳單後，頭愈來愈痛，心也愈來愈寒。偉凡竟然暗地裡留下所有消費單據，他究竟何時決定放棄兩人關係，並且計畫打官司，否則哪有人會在戀愛或婚姻裡留證據？

「庭上，那請提示原證九照片，詢問被告身上那套×牌衣服是誰送的？」偉凡律師起身補問。

「所以，你們總共訴請被告返回贈與物及損害賠償共三百二十萬元？大律師，我知道律師職責所在，但你真的覺得這樣主張，對你的當事人比較好嗎？」法官對偉凡錙銖必較的行徑有些不以為然。

「法官，那是我買的衣服。」朱莉眼眶泛紅的回答。

「好了，兩造律師有什麼問題要補問被告的？」

「我只有一個問題，請問被告是否自行於今年三月離家？」偉凡的律師詢問。

「是的。」朱莉低頭回應，心裡泛出一陣陣的苦水，一場婚禮竟是演變到上法庭，真是不堪。

第二次庭訊

「我有幾個問題想問被告。」朱莉的律師從容地對著朱莉點點頭，朱莉抬頭看著自己律師淡定的神情，心裡稍微有些依靠。

「朱莉，請問你們有約定結婚登記日期嗎？」朱莉律師語氣溫和地詢問已經被訴訟折磨到情緒崩潰邊緣的朱莉。

「沒有。」朱莉有些困惑地回答。

「你們從來都沒有約定過辦理結婚登記日期嗎？」律師再次確認。

「沒有。」

「妳是否拒絕去辦結婚登記？」律師慢條斯理問。

「沒有。」朱莉有些糊塗了，真搞不懂法律，沒有約定結婚登記日，哪來的拒絕辦理。

「原告有提到辦理結婚登記日期嗎？」律師再次確認。

「他有提到這件事，但我們沒有說好何時去。」朱莉記得婚宴後，偉凡曾提過須拿結婚證書去辦理結婚登記，但兩人婚後一直吵架，所以就沒約定日期。

「請問妳離家，是否就是要解除婚約的意思？」律師字字斟酌地問。

「沒有，我覺得兩人已經結婚，而且一起生活了，怎麼可能解除婚約？」朱莉蹙眉回答。

「對於被告，我沒有其他問題了，但請求傳訊原告當本案證人。」朱莉的律師要求偉凡當證人。

法官允許被告律師傳訊偉凡，並諭知偉凡依法具結。

「請問原告，你現在願意去辦理結婚登記嗎？」朱莉的律師問。

「大律師開玩笑嗎？都已經打官司了！」偉凡輕蔑地回應。

「請原告回答我的問題。」朱莉的律師態度堅定地追問。

「不願意！」偉凡咬牙切齒地回答。

「你曾經和被告約定結婚登記日嗎？」

「沒有！」偉凡不認為這有什麼問題。

「請問你們曾經合意要解除婚約嗎？」律師問。

「當然有。不然我為什麼要打這場官司？」偉凡依然桀傲不遜地回答。

「請問你們如何合意？」

「她離家了，就是解除婚約的意思。」

「她如何告訴你，她要解除婚約？」

「她說要離婚，就是解除婚約。」

「離婚和解除婚約哪裡不同，你知道嗎？」律師見偉凡跳到問題陷阱了，便鬆了一口氣。

「但她的意思就是解除婚約。」偉凡有些困窘地回答。

「原告，朱莉剛才已經說了，她沒有解除婚約的意思，你有什麼意見？」

「她離家了，就是解除婚約。」偉凡咬著離家這件事不放。

「喔，你認為你們婚姻已經生效了嗎？」律師再次設下陷阱。

「當然沒有。」偉凡有些惱怒，覺得這個律師一直講廢話。

「既然如此，朱莉有履行同居義務嗎？」律師冷笑著問。

偉凡拒絕回應。

「我再問原告一個問題，請問你有單方解除婚約的理由嗎？你根據哪一條解除婚約？」律師氣定神閒地問。

「我根據的是雙方合意解除婚約。」偉凡堅定地回應。

「那我提醒你，你必須負舉證的責任，而截至目前為止，你毫無證據！」律師瞪著偉凡，一字一句的說。

「庭上，我沒有別的問題了。」

法官看著偉凡，沉思著這案件的法律爭議點。

「原告，被告可曾拒絕和你辦理結婚登記？」法官問。

「有。」偉凡警覺這問題似乎有些關鍵，猶豫了一會兒後才回答。

「有證據嗎？」法官問。

「沒有，這種事怎麼可能會留證據？」偉凡不滿地回應。

偉凡的律師趕緊起身補充，「庭上，證據部分我們回去找找看，再陳報給法院。」

結局

「媽，我回來了！」朱莉下班回家，她原先因結婚而辭了工作，原公司主管知道她的近況後，趁公司行銷部開了職缺，主管又把她找回去上班，生活逐漸穩定。

朱莉脫去高跟鞋，放進玄關的鞋櫃裡，褪去外套，便一屁股坐在沙發上休息。

「回來了啊！別懶在那裡，去盥洗換衣服，妳別忘了，今天輪到妳做晚餐。」媽媽笑吟吟地拿著一本書坐在沙發，打開檯燈，好整以暇地準備看書。

「喔，饒了我吧！我今天好累耶！」朱莉抓起抱枕，把頭埋進去，一副想要賴的樣子。

「給妳個建議，去巷口買幾道現成的菜回來，偶爾吃個外食也不賴。」媽媽已戴起老花眼鏡專心看書，頭也不抬地說。

「還要出去太麻煩了，何況現在食安一堆問題，誰敢吃啊，我還是去煮吧。」朱莉邊碎碎念邊起身往房間裡更衣。

媽媽抬眼望著朱莉的背影，鬆口氣地笑了笑，女兒終於恢復正常了，這是她最大的寬慰。

朱莉進了房間，狠狠地把自己摔在床上，四肢攤成大字型，「朱莉，妳還好嗎？」「我很好，沒問題。」她嘴裡喃喃自語，為自己打氣，半晌才起身換衣服，正好瞥見剛剛丟在床上轉成靜音的電話畫面顯示律師事務所來電。她遲疑了一下，深吸一口氣後便接起電話。

「朱莉，今天宣判，剛打電話到法院詢問，法院駁回原告之訴了。」

「律師，駁回原告之訴是什麼意思？我聽不懂。」朱莉單單聽到宣判兩個字，腦袋一片空白，完全無法運轉。

「意思是妳贏了，法官駁回偉凡的請求。」

「我贏了？法院駁回偉凡的請求？」朱莉呆呆地重複著律師的話。

「也就是偉凡要求還錢的請求都被法院否決了，法院應該是採取我方的意見，偉凡無法舉證雙方已經解除婚約，而且雙方已經履行婚約，因此不能主張解除婚約。不過這些都要等到收到判決書，才能確認判決理由。」律師細心地解釋。

「妳的意思是說法官不採信偉凡的說法，他不能要求我還那些錢？」朱莉實在聽不懂艱澀的法律說法，尤其急促的心跳太干擾聽覺，所以只能反覆用自己能理解的語言和律師確認。

「是的。」律師簡潔有力的回應朱莉，不再多做解釋。

幾分鐘後。

「媽！媽！」朱莉衝出房門，亢奮地大叫著。

「發生什麼事？」媽媽被嚇得丟下手邊的書，起身看著奔跑過來的朱莉。

朱莉一把緊擁著媽媽。「媽，我的案件打贏了！贏了！剛才律師打來說法院宣判了。」

朱莉開始嚎啕大哭，把這段期間的壓抑和委屈完全釋放。

媽媽不語，只是不斷輕拍著懷裡的女兒，雖然不捨女兒，但也明白女兒的人生才真正開始，未來有無數的坎在等她，她必須學習面對挫敗與成長，這是她的人生。

過了好一陣子，朱莉才笑著抬頭看媽媽。「媽！妳的老花眼鏡歪了。」

「妳這死丫頭，撞歪我的眼鏡還敢取笑。」媽媽笑著拍朱莉的額頭。

「媽，今天我請妳吃飯，我去洗把臉，我們到餐廳吃飯，妳也去換身衣服。」

這便是雨過天青吧。即使自婚宴至今三百多天後依然未完成結婚手續，看似悲，卻還喜，恰好是人生的畫面。

善變，從朱莉的視角，或許就是她對這段婚姻經歷的詮釋，
例如偉凡給的愛過於善變，突如其來的求婚、突如其來的厭惡。
婚前百般呵護，凡是她所喜，偉凡便給，
婚後卻盡是嫌惡，凡是她所用，便說拜金。
對朱莉而言，這樣的愛太善變，
這般人生的轉變，也太瞬間。
然而，類似善變的故事，在你我身邊很常見，
不特別、也不煽情，這就是平凡的生活，
但也就是在平凡的生活中，讓我們學習和體悟，
寄望在下次的人生風景中，領悟出恰恰幸福的心境。

婚姻的省思

公眾場合公開求婚，真的浪漫？

近日總看到一些年輕人在公眾場合或媒體上公開求婚，被求婚的女孩嬌羞不已，而眾人對於這種浪漫的戲碼只要求唯一的結局，便是女孩害羞地點頭說好，然後擁吻，成全所有人對有情人終成眷屬的期待。

而被求婚女孩心中對結婚的猶豫，將被這氛圍逼得毫無轉圜空間，畢竟有幾人能違背另一半和眾人的期待，狠下心地當眾回絕這個求婚。換做是我，也做不到。除非我已經打算當眾給另一半打臉，不想繼續這段愛情關係，也不在乎另一半的感受，便是因此分手，也要拒絕求婚，否則我真的做不到。

或許愛情偶像劇總喜歡編排這般驚喜式求婚的戲碼，我們也就習慣把這種求婚做為浪漫而正面的評價。但往深處思考，這般高調而戲劇性的求婚方式，求婚者是抱持什麼心情？是否藉由親友的力量及「與人為善」或「禮貌」的社會道德觀，造成求婚者與被求婚者的權力控制關係呢？否則被求婚者點頭不是、不點頭也不是的窘迫，哪裡來的呢？

故事中的朱莉個性溫和，是個群我與社交關係經營極好的女孩，在偉凡用盡心思地選在跨年夜求婚，以及親友起鬨的氛圍下，對於應允求婚的猶豫，只能被她內心刻意地漠視，僅因她當下選擇符合眾人期待的行為模式，優先於聆聽內心的聲音。

在我處理的訴訟經驗中，類似戲劇性的追求模式，往往在日後面對婚姻紛爭或挫折時，也會採取較為戲劇性或者說非理性而極端、且擅長使用親友施壓等公審的方式，來處理自身的婚姻議題。

或許有人會說，那就是浪漫的驚喜而已，有那麼嚴重嗎？倘若如此，那麼就當做一場惡作劇或遊戲吧。配合男主角和眾人的演出，當個低頭垂頸的美人點個頭，或學學戲鳳的臺詞，把「哥哥不在家，今天不賣酒」改個詞，「爸媽不在場，今天不點頭」，反正就是交往期間的調情，倒也不賴。別說這種心態和說法不尊重婚姻，因為求婚者給的尊重也就這麼多。

浪漫之外的現實

處理過那麼多的離婚案件，發現很多婚姻惡化的原因，都挺令人傻眼，至少在朱莉的故事中，讓我有一些無關永浴愛河但務實的思考。

●把婚禮當做企畫案來處理

大家都說情到濃時，不該分彼此；雙方父母也都說，只要小倆口幸福，婚禮隨意就好；這些話說得極有道理，但別太當真。因為婚禮的籌辦，包括聘金、聘禮、喜餅、紅包、結婚桌數、婚紗及蜜月等細節，都有可能讓你們先來場震撼教育。如果有爭執，女人認為男人不夠愛她，男人則認為女人金錢觀有問題，雙方家長則認為對方沒誠意。說真的，大家都說不計較，但心裡都隨時在評價。日後翻起舊帳時，你們就會知道，其實你不記得的事，對方都牢記在心。就像偉凡罵出：「你和你媽媽當我是凱子。」這句話挺嚇人的，但我卻常在訴訟案件裡聽到這種對話。所以，建議大家也別表面端著大方，心裡卻敲著算盤，不如就把婚禮當做企畫案，理性的談清楚，老擺著「其實你應該懂我」的姿態，讓人猜來猜去，也挺沒意思的。

●兩人必須共同負擔婚姻家庭所帶來的一切

如果夫妻倆婚後繼續工作，那麼就一起負擔家庭開銷。請男人記得妻子和你一樣都在事業上打拚，別要她當個職業婦女，又要有全職家庭主婦的責任。也請女人既然要求當個現代女性，婚後維持經濟上獨立自主，就別總守著「男人應該完全負責養家」的傳統，要求男人支付所有家用。

倘若女人選擇當家庭主婦，也拜託男人別以為這個家都靠你養，當家庭主婦所犧牲的，比你、也比職業婦女還多。低成就又高風險，飯煮得好不好、家務事做得行不行，全憑男人回家給評價、給一句話。即便女人把家裡打點得很好，但就只有一樣犯了男人的禁忌，例如朱莉把偉凡的衣服拿去送洗，讓他隔日不能按計畫地穿上那件襯衫開會，她為家裡所有的付出便付諸流水，就只留下「妳真闊氣」的酸言酸語，一副「妳就是來討債」的評價。弄得妳必須要用從事公益、犧牲奉獻的心情來服務這個家或這個男人，自我創造「存在價值的成就感」，否則婚姻離幸福的定義相當遠。

家庭主婦真的是個高風險的職務，會這麼說，不是沒有道理。因為現今女人的學歷都不低，就業機會也不少，但因婚姻而離開追夢的機會，日後想要二度就業，便只有「高學歷、低職場經驗」的就職背景，失去了原有的社會競爭力。更別說因遇到婚姻危機而再度就業時，更只能遞出一張「高齡、高學歷、低職場經驗」的履歷表，而把自己陷於仰人鼻息、看人臉色的困境。

在此無意特別標榜女人當家庭主婦有多犧牲奉獻或危險，而是提醒，當女人主內、男人主外時，兩人是一起負擔與分享著家庭所帶來的一切，並沒有誰養誰的問題。

●婚前婚後的生活絕對大不同

此外，請不要執著於「他／她不如婚前」的想法，把「你／妳以前如何、現在如何」當口頭禪帶進婚姻。因為婚前婚後本來就該不一樣，姑且不論時空背景的不同，從情人轉變成夫妻關係，不僅身分不同了，還加進很多「姻親」關係的人。所以，當對方不再如婚前體貼溫柔，不是感情轉薄，也不是婚前騙局，而是每個人的耐心有限，總有鬆懈的時候。把婚前和婚後相處的時間及事情比一比，從比例原則來看，對方還好吧。

●培養自己幸福的能力

再者，請培養自己幸福的能力，別總用猜忌、質疑或嫌惡的態度塞滿自己的婚姻，像下了詛咒似地讓自己恐懼、不安或憤怒，就如同偉凡老質疑或嫌惡著朱莉，那種心態及言行既傷人也傷己。

當然，也別拿自己的原有生活習慣當做家庭生活方式的唯一標準，規訓或控制另一半要循著自己的模式來做，諸如你喜歡開窗戶，另一方不喜歡開窗戶；或者你喜歡用一條毛巾洗澡，另一半喜歡把洗臉和洗澡毛巾分開使用；你喜歡牙膏從底下擠，另一半喜歡隨意擠牙膏……這些都無關對與錯，別拿著自己喜好的標準指控別人的錯。用「控訴」來規訓另一方只能用你的標準，這對婚姻一點好處都沒有。

別以為這些雞毛蒜皮有什麼重要的。曾經處理過離婚個案，那男人就是指控妻子讓小孩吃泡麵還有交通違規來爭取子女監護權；還有個男人指控妻子把擦腳毛巾和其他衣服一起放到洗衣機，來當做離婚理由之一。而有些女人更因這些生活枝節而被高壓控管得無法喘息，以致身陷憂鬱，無法過正常生活。

●婚姻是一種溝通學

最後，婚姻就是一種溝通學，若能在婚前便進入諮商，把心中所有的疑慮及對婚姻生活的想像，都開誠佈公討論，並藉此學習聆聽與溝通，這總比感嘆愛情的善變，或者抱著婚後不如婚前甜蜜的焦慮，還更務實些。

善變是人生常態

如何接受善變是人生常態，讓心看得見遠方，是幸福很重要的課題。

世事本無常，一眨眼，風雲都有了變化，何況你我。雲起雲湧，花開花落，本是自然，心境一轉，連世界的顏色也都變了幾分。變化本是自然，自然得如空氣，即使歲月，也不曾挽留過一絲一毫的過往，你我又何須執著於曾經。

人生如旅途，或悲傷或喜樂，得也好，失也罷，縱然曾繪出一幅淒美如幻的愛情，深的刻骨銘心，就算悵然，留下的淚也將隨風而逝，又何須在淚中尋舊痕，添上新淚染紅妝。

不妨把淒美留在故事，將刻骨銘心留給歲月，便如一場風景，經過便好，讓心看見遠方。即便學不來蘇東坡「莫聽穿林打葉聲，何妨吟嘯且徐行」那般的瀟灑，至少把心放在遠方，等待下次生命風景，莫要辜負了自己的智慧和堅強。

關於結婚成立、解除婚約，你該知道的法律

結婚成立的要件

依我國法律，結婚成立的要件必須是書面、兩人以上證人簽名，雙方並親自到戶政事務所辦理結婚登記（參見附錄結婚申請書）。因此朱莉和偉凡雖然已舉行公開婚宴，但未到戶政事務所辦理結婚登記，所以結婚還未成立生效。

解除婚約的要件

解除婚約有兩個狀況，一是「合意解除」，另一種是「單方解除」。依法律規定單方解除的情形，諸如故意違反結婚期日、訂婚後又與別人訂婚約或結婚，以及與人通姦、訂婚後成為殘廢、受徒刑的宣告或其他重大事由等，這類情形可以主張單方解除婚約。

故事中的偉凡企圖透過雙方解除婚約，也就是合意解除，來結束雙方婚約關係。然

而，兩人已經舉行婚宴，並且如夫妻般共同生活多時，是否能解除婚約，司法實務上有不同的見解。

解除婚約可以請求返還贈與物，不過返還的財物是否僅限於訂婚當日的聘金或六禮，亦有不同看法。實務上認為，在婚約期間內以履行婚約為目的所贈與的財物，都包括在內。但也有不同的看法，有些判決認為從求婚後所贈送的禮物都算入返還財物的範圍。

另外，倘若是單方解除婚約，而符合法律規定者，除請求返還贈與物之外，還可向對方請求損害賠償。如自己並無過失而因此受有精神上痛苦者，還可以請求精神慰撫金。

因此，偉凡在訴訟中請求返還聘金、金飾及其他禮物，以及因履行婚約而造成的損害，例如因成家而新添購家具等共三百二十萬元。

朱莉獲勝的關鍵法律要件

此外，要特別解釋朱莉之所以獲得最終勝訴的法律關鍵點。

在法庭上，朱莉的律師不斷追問兩人有無約定結婚登記日期，以及朱莉有無拒絕辦理結婚登記，目的在於審酌偉凡是否可以用「故意違反結婚期約」的單方解除條件。當然，也在於凸顯本案還在履行婚約的可能狀態中，並沒有合意解除婚約的情形，也就是雙方尚未達成解除婚約的認知。因此，偉凡還不可以請求返還贈與物，必須另外徵詢朱莉是否同意解除婚約，或另外主張符合單方解除婚約條款，但偉凡提不出證據，因此法院才駁回偉凡的請求。

以上法律文字對於很多讀者來說，可能會難以理解，所以建議遇到法律問題時，別把上面文字當藥房裡的成藥服用，法律事件也需要處方箋，所以不妨到地方政府或民間團體的平民法律服務中心，就自身的狀況及資料諮詢，會更適切些。

2

麒麟花——自衛的心

麒麟花，常做盆栽、綠籬，呈聚繖花序，有紅有黃，輪廓像兩片噘嘴的厚唇，

宛如瑪麗蓮夢露噘嘴送上飛吻的性感劇照，但引誘眾人目光的雙唇並不是花，

那只是麒麟花的苞葉，真正的麒麟花，不起眼的位於苞葉中間，有黃有橙。

或許因為花的特質，她的花語，便有了「自衛之心」的形容。

對於愛情或婚姻，保有一分任性，或少一分自衛，或者保有一分理性，

或少一分浪漫，可能就有不同的人生。

多了自衛可能就錯過，少了自衛也就可能錯認，

宛如一場博奕，誰能預測或說明白？

這是一則兩個同樣未婚生子卻不同命運的女人，關於愛情、婚姻與自衛的故事。

命運一・追愛新娘

一個穿著晨衣的女人坐在藍色布面沙發上，膝上擱著橙色緹花抱枕。

她正在蹙眉抿嘴地講著電話，眼周或嘴角都擠出了些許歲月痕跡，看來這通電話，讓她很不愉快。

半晌，她已經從半倚改為端坐，繼續專注的講電話。窗外的細雨，微薄的日光，透過歐式繁複的窗簾灑在那女人身上的光影，竟隱約地寫出繁華下的寂寥感。

這女人，王裴玲，三十六歲，未婚生子。

無人的婚禮

清晨，天空飄著雨，美雲拉著行李拐進騎樓內，蹙眉提著行李上上下下，心想這騎樓連拉個行李都不順遂，真不知那些肢障者如何安心行走？有些不耐，她索性從外套口袋掏出軟帽，戴上後便拉起行李走入雨中。

走沒幾步路，便看見一名男子在雨中毫無遮掩地伏在濕冷地上，對著路人頻頻磕頭，前頭擱著鋁碗。美雲瞄了一眼，碗裡有幾個銅板，她低眉無表情地繼續往前走。

「哐噹」，她突然聽見衣帶因走路晃動而出現的悶悶碰撞聲，於是左手伸進外套口袋內，掏出兩枚銅板，怔忡地望著攤在掌中兩枚十元銅板，躊躇了一下，側頭望了那個伏在地上的男子，邁步往回走，走到男子面前。男子見到有人靠近，便把頭磕得更用力了。

美雲蹲下身，慢慢地把兩枚十元放到鋁碗裡，也不急著起身，蹲著身好奇地望著這男子，男子只是低頭繼續磕頭。

她嘆了口氣起身離開，走遠幾步後，轉頭佇足，見到男子趁無人經過時，趕緊把碗裡的幾枚銅板收進口袋內，再把空碗放在身前，等候下個路人經過，又繼續磕頭。

美雲見狀，笑了一下便離開了。是了，這世界本不公平，每個人都在不公平的世界裡，選擇自己可以活下去的理由，何須怨懟或感傷，這就是人生。

來到一棟大廈門前，走到警衛室，「你好，我找一五七號A棟十樓王小姐。」警衛點點頭便按下對講機，「王小姐，有一位小姐找妳，她是……」警衛瞧了美雲一眼。

「我姓鄧。」美雲不疾不徐地接著話。

「一位鄧小姐。請問王小姐和她有約嗎？」警衛很恭敬地對著對講機解釋。

「妳往前走到底，左轉就會看見一扇門，有人會幫妳開門。」警衛指了指方向，然後用對講機通知通往電梯前人門的另一名警衛。

美雲拉著行李走在石頭砌成的穿廊，左轉後眼前出現美輪美奐的庭園造景，但她無暇欣賞，快步地走到門口。

一名手持對講機，身著制服的小姐隨即開門，「鄧小姐嗎？」

美雲點點頭，身著制服的小姐便刷卡為她按了電梯。

到了十樓，電梯門一開，一位外傭站在電梯門口，美雲愣了一下，「我是鄧小姐。」外傭笑著點頭，伸手想幫忙拉行李，「我自己來就好。」美雲婉拒，便尾隨著外傭走到一扇雕花門，外傭開門後在玄關處拿出一雙紅色緞面的室內拖鞋，恭敬地彎著腰把它擱在美雲腳邊。

「小姐，請往這邊走。」外傭引導著美雲走進客廳。

「小姐、小姐……」外傭連續喚著女主人幾聲。

裴玲方回過神，她疑惑地看著外傭。

「小姐，客人來了。」外傭解釋著。

那女人才悠悠地望向美雲，美雲點頭說：「妳好，我是彩妝師。」

裴玲凝神望著美雲許久，久到美雲感到有些不舒服。「王小姐，不知有什麼問題嗎？」

裴玲搖搖頭，然後從沙發上緩緩起身走到客廳另一頭的吧檯，她坐在高腳椅上，以眼神示意美雲過來。

「在那邊化妝嗎？」美雲有些蹙眉。

「莎莎，去房裡拿一面鏡子過來。」裴玲沒理會美雲，拿起吧檯上的高腳杯，倒了一杯紅酒便自顧自的地了起來，直到外傭拿著一面備有鏡架的圓形鏡子擱在吧檯上，裴玲才轉過頭來看著依然站在原地的美雲，「這邊不行嗎？」

美雲相當不悅，但依然壓抑著性子，拉著行李走了過來，從行李裡取出彩妝工具，稍微探了探燈光，低頭看一下高腳椅的設計，然後再看看還在喝酒的裴玲。「麻煩妳把高腳椅調低一點。」美雲發現這高腳椅可以調整高度。

裴玲起身，莎莎不待裴玲交代就趕緊走過來幫忙調整，「這高度可以嗎？」美雲點點頭，開始著她的工作。

裴玲垂下雙眼，任由美雲描繪著眼線。

「鄧小姐，妳還沒結婚吧？」裴玲問。

「沒有。」美雲不受影響地繼續著手邊工作，似乎已經習慣所有的新嫁娘都會捎上這句話。

「喔。」裴玲輕哼一聲，等著美雲接這個話頭，但美雲彷彿毫無興致聊天。

裴玲睜開雙眼，狐疑地望著鏡中的美雲。

「王小姐，麻煩眼睛微閉。」美雲手頓了一下，提醒裴玲配合。

「嗯。」裴玲垂下眼瞼，讓美雲完成眼部的彩妝。

「鄧小姐，我覺得眼妝太濃了點。」裴玲故意刁難。

美雲愣了一下，望了望鏡子，未做任何解釋，取出棉花棒淡去眼尾部分的色澤。

裴玲抿著嘴看一臉木然的美雲。

「別經常抿嘴，這樣不好看。」美雲淡淡的提醒。
「啊。」裴玲微怔，隨著張口鬆了臉頰的線條。
「好多了。」美雲微笑著說。
「好了，王小姐，妳看看。」美雲在裴玲唇上點上朱紅後，便完成整張新娘妝容。
「啊？」裴玲困惑地看著美雲，美雲以眼神示意她看鏡中的自己。
裴玲望著鏡中的自己，輕嘆：「好漂亮。」
美雲莞爾，「王小姐本來就很漂亮。」
裴玲開心地看著這個酷酷的女孩，「謝謝！」
「莎莎！」裴玲喚著外傭。
外傭抱著數月大的嬰兒走到客廳。「哇，小姐好漂亮！」
裴玲笑著接過外傭手中的嬰兒，「寶貝兒，妳看媽媽是不是好漂亮啊？」
美雲怔忡也望著裴玲，再度環顧著屋內，她才發現似乎沒有任何置辦喜事的跡象，透著些微詭異。
「莎莎，去把我房間梳妝臺上的紅包袋拿過來給鄧小姐。」裴玲還沉浸在歡樂中。
外傭很快地從屋內取出紅包袋遞給美雲。
裴玲歡喜地望著鏡中的自己，喃喃自語地說：「如果他看到了，該有多好。」
美雲瞥了裴玲一眼後，便低頭靜靜地整理彩妝工具，蹲下身子繫上行李扣環，準備離去。

「莎莎，妳送鄧小姐。」裴玲喚著外傭。「嗯，鄧小姐，今天的妝，我很喜歡，下次婚紗送來時，再跟妳約時間，屆時就麻煩妳了。」

美雲本想詢問一些事，但遲疑了一下後決定閉嘴，點點頭後便隨著外傭離去。

指尖上跳動的心情

夜裡，傳來鍵盤敲打聲，電腦螢幕上出現一些字，又刪除，換上一些字，再刪除。

親愛的爸爸：我們的寶寶，今天有點發燒，她一直哭鬧，我已經帶去H醫院檢查，醫院有抽血檢查，下次回診看報告。我真的很難過，看到寶寶生病的樣子，恨不得代替寶寶生病……

很快地，這段話被刪除。

親愛的爸爸：我們的寶寶長得好快，又好棒喔，每次聽到音樂，都會安靜地聽，兩眼骨碌碌地轉，像個調皮小天使，我想她應該有音樂天分。我今天一整天上網找音樂教室，發現有一家音樂教室相當特別，重視啟發高於技巧，明天我打算過去參觀，只是學費高了一點……

再度刪除，又添上一段話：

親愛的，我今天查了幾家飯店，如要辦婚禮，恐怕都要半年前就先預訂好，所以我暫時預約了幾家，有Z飯店，那是新開的五星級飯店，挑高設計，廳堂有一個很大的水晶燈，相當豪華，唯一的缺點就是空間有死角，中間有個大梁柱。另一家是L飯店，空間寬敞，菜色很有特色，可惜裝潢較老舊，下次我們倆一起去看看，再決定好了……

敲打鍵盤的女人起身，走出房門，來到客廳，依著壁燈的光線從櫥櫃中取出紅酒，再到櫃檯杯架上拿起高腳杯，緩緩地倒了一杯紅酒，坐進沙發，低眉啜著紅酒，一刻鐘過去，她眉峰漸攏，仰頭喝完杯內剩餘的紅酒，快步走入屋內，坐在電腦桌前，繼續敲打鍵盤。

刪除原先的那段話，重新敲著：

親愛的，我今天找不到你，所以打電話到你公司。真巧，是公司主管接的電話，他人真好，我說是你的未婚妻，他就提到你下週會到臺灣出差，我等你喔。我想你經常搭飛機，手機應該很難聯絡，那我打到公司詢問你的行程，應該比較方便，你說對吧？

按下郵件傳送，螢幕傳來：「發送成功。」

裴玲呼了一口氣，窩回床上，凌晨四點了，睡不著，閉目休息也好。只是淚水不停歇地簌簌從眼角落下，隱入遮蓋在臉上的袖口間，提醒這深夜裡不熄燈的悲傷。

等不到的溫柔

她望著鏡中的女人，極度憤怒地瞪視著鏡中的女人，然後狠狠地甩了一個耳光，鏡中的女人雙頰瞬間紅腫，眼眶也紅了。

「王裴玲，妳真是太愚蠢了！妳是個賤女人，活該！」

「不！我沒有錯，那是陶德的錯！不，應該是尼爾的錯。也不對，我覺得應該給尼爾機會，他是愛我的，只是有些誤會而已。」

「妳還沒搞清楚嗎？還在做夢嗎？」

裴玲在浴室中自言自語，一人兩角的自我對話，兩種聲音不斷撕裂她的思緒，把她的生活砸得四分五裂。

她扭開水龍頭，把頭埋進水柱中，讓淌下的淚水隨著水柱流向排水孔。許久，她抬起頭來，閉著眼睛伸手從架上取下大毛巾，拭去髮梢的水，以及剛滑下臉頰的淚水。

她嘆了口氣，不知道這樣的生活到底哪個時候才會是盡頭。

她真是懊悔極了，明明有了一個論及婚嫁的男友陶德，他是澳洲公司老闆的兒子，不知多少女人羨慕她麻雀變鳳凰的際遇。但她在一個社交場合，結識了在新加坡金融界從事基金操盤的尼爾，她想那一夜可能喝太多了，否則她怎麼會在初次相見就和陌生男人上了床。更糟糕的是，那一夜後，她背著陶德和尼爾繼續保持聯絡，尼爾用著柔情似水的眼神凝望著她，用濃情蜜意的語言灌醉她，真讓她覺得她是最美的女人，她捨不得放開這種被珍惜的感覺。

在她獲知自己懷孕的那一刻，很難相信這是事實，畢竟已經三十六歲了。而她和尼爾上床雖只有三次，但確定這孩子是尼爾的，因為那個月到新加坡出差，就只有和尼爾上床，沒想到那一次竟然就懷孕了。這就是命運吧，她想。而她不可能墮胎，也不會天真的認為陶德會大方地接受她和尼爾的孩子。

於是，她很快就和陶德攤牌，並提出了分手。走進陶德的辦公室時，不知情的陶德開心得像嘴饞的孩子，不斷舔著她的臉，讓她幾乎忘了走進陶德辦公室的目的。現在回想起來，她犯了很大的錯誤，不應該為這件事走進陶德的辦公室。雖然她盤算著只有在公司裡攤牌，陶德至少會控制情緒，不會讓狀況失控，例如像那些新聞報導所寫的強暴或者毆打，但她還是錯了。

她推開膩著她的陶德，告訴陶德所有的一切，她真的太坦白了，甚至告訴陶德自己懷孕的事，以為這才是快刀斬亂麻的最好方式。因為商場就是這樣，東方人那套儒家思想太溫吞，要和出生於澳洲的陶德處理事情，東方人那套委婉完全派不上用場。

不難想像的，陶德大發雷霆，罵她一聲 bitch 之後，便摔門離開。她還記得那門摔得真有技巧，就像慢鏡頭般的一開一闔，讓她不需抬頭，就知道公司裡那些八卦好事者偷窺著門內所有的一切，在開闔間看見她臉上的淚水，或者抖動的肩膀，然後幸災樂禍地閃著眼睛偷笑時，還可以清楚聽見那句 bitch。當那些女同事知道她和陶德交往時，她們就無時無刻想著罵她 bitch，卻苦無機會把這句話摔在她臉上，此時竟然有人替她們說了，尤其還是從陶德的嘴裡說的，真是大快人心。

因此，就算她低著頭離開陶德的辦公室，不用抬頭，耳朵大概都能「看見」她們的笑容。她讓乏味緊張的工作環境提供了絕佳的娛樂，她感到嚴重的羞辱，於是回到座位後，便衝動地收拾私人物品，打了封辭職的電子郵件寄送給老闆，還有陶德及人事管理部門，她就離開了公司。沒有任何人挽留，就算有幾位鄰座的女同事前來問候，但那眼神都藏不住八卦的笑意，只是讓離開的腳步更堅決而已。

就這樣，她失去了工作，一份年薪三百萬元的工作。

回到在澳洲的租屋處，在床上頹廢了三天。她拉上所有的窗簾，拔掉所有電話線，關掉手機，昏睡三天。她後悔不已，自問為什麼這麼衝動離職，進這家公司又不是因為陶德，憑的是自己的本事，為什麼和陶德分手，就必須離開公司，就算他是公司老闆的兒子又如何？

失去工作，她沒有能力繼續在澳洲生活，不管是租金或者肚子裡的孩子，應該都沒有能力繼續在澳洲生活。而她也沒有把握以一個華人的身分，還挺著肚子能再找到薪資這麼優渥的工作，於是整理了行李，回到臺灣。

等臺灣的一切安頓後，她想到了另一個男人尼爾，她曾經猶豫是否告訴他懷孕的事，考慮很多。對這男人，她好像比對陶德分合的決定，還多一些患得患失。她非常困惑，這種感受太複雜。陶德是活在她現實生活中的男人，每天她都看得到、摸得到，因此必須用務實的思考來處理和陶德的關係。但尼爾是活在她夢中的男人，她享受著尼爾在電腦視訊那端的調情和挑逗，並且膜拜著她的美麗，所以她無法判斷一個像夢一般的情人走到現實中，會變成什麼樣子。就像她無法揣摩那位全球被封為最性感的男人，魔力紅搖滾樂團的主唱者亞當・李維突然出現在妳的婚禮上唱著「Sugar」，全場頓時譁然，爆出尖叫，每個人都迸出不可思議的表情。

不可思議，就是意味著超乎想像的現實，讓心在失序的拍子上跳動的感覺，那是無法遇見而失控的現實。只是，那是百分百的美好際遇。而尼爾，光想著這畫面——「嘿，這位先生，恭喜你，在你光棍多年後，終於有後了，我將給你一個孩子。」唉，她真的不知道那男人會是看到亞當李維的反應，或是什麼？簡言之，那是她無法預見並且掌控的狀況。

直到她失去了一切。因為生子讓她一時無法找到工作，也深刻體會到照顧孩子的辛苦，她突然感受到自己所失去的，超乎自己原先的想像。她沒有想到臺灣的就業和薪資環境，如此不合理。她以為澳洲公司的經歷，在臺灣就職有更多的優勢，但幾次工作面談後就無消無息，讓她慌了。

她憤怒又悲傷，於是想到了尼爾，至少讓尼爾知道她受的苦，甚至彌補所有失去的一切。現實的困境讓她失去了做夢的能力，而能改變困境的人，似乎就只有尼爾了。

是的，他應該為這一切負責，但該死的尼爾在知道她有孩子後，竟然躲得無影無蹤，她從來沒有想過溫柔的尼爾是這樣的反應，總說與她相見恨晚、情話綿綿的尼爾竟然躲著她。她曾經一度想像著尼爾已經四十幾歲了，就算擁有財富，總會遺憾還孤家寡人，如果知道有了孩子，應該會欣喜若狂，甚至半夜都會跑來臺灣看她和孩子。

一切出乎意料，一定是發生了什麼事。她假設了很多狀況，但都無法證實。於是，她不知該如何和尼爾溝通，究竟該用寶寶的事勾引他的父愛，還是用婚禮引誘他的回應。總之，她必須找到他，而打電話到他的公司似乎是最快的方式，她就不信做到這種程度，他還會沒反應。

但即便如此，她對尼爾依然保有很高的期待，並不是因為尼爾值得信任，而是她若不這麼相信著，會因所失去的一切，過著懊悔的每一天。

以前她如此期待當個母親，擁有像天使般的寶寶，應該是很幸福的畫面。但沒想過照顧孩子是這麼辛苦的事，尤其阻礙了她的工作機會，打亂她所有的生活，甚至包括指甲片上鑲鑽的亮片都變得如此遙遠。取而代之的，是和尿布、奶瓶奮戰的生活。她失去被男人追求的魅力和愉悅，太沮喪了，幾乎看不見未來的希望。這般沒有希望和懊悔的生活，太痛苦了，但也許尼爾可以改變這一切。

幾天後，裴玲終於等到了尼爾的回應——一封自稱為律師的女人、說她代表尼爾寫給她的郵件。尼爾再度讓她出乎意料了。

不信任愛情和婚姻的男人

一名舉止優雅的紳士來到律師樓。

「律師，有個女人不斷騷擾我，說生了我的孩子，還打電話到我的公司鬧，想請教如何處理？」他操著彆腳的中文表達自己的問題。

「尼爾先生，你不認為那是你的孩子嗎？」律師問。

「我認為不可能是我的孩子，我記得和那女人只上過一次床，何況她還有未婚夫，我懷疑她動機不單純。」尼爾語帶不屑。

「只有一次？」律師有些質疑。

「應該就一次吧。」尼爾皺眉回憶著，因為他已經不太記得這件事了。但絕對相信和這女人的交集不多，這是他向來和女人交往的慣例，不需要透過記憶便可合理推測這結果。

「這件事很簡單，做一下親子鑑定就明白了。如果鑑定出來真不是你的孩子，她自然沒有道理再用這個理由騷擾你，但如果是你的孩子，你不聞不問，似乎也不太好。」律師提出建議，她認為猜忌只是浪費時間而已。

「當然沒問題。我相信那不是我的孩子，沒有那麼巧的事，這一切都是個騙局，我認為那女人只是想透過小孩要我的錢而已。那就麻煩你們事務所代為處理親子鑑定，她最好有勇氣去鑑定！」尼爾同意律師的建議。

尼爾雖然已經四十幾歲，但不曾結過婚，他認為婚姻太可怕。太多朋友的婚姻經驗都告訴他，婚姻讓女人都變得很恐怖，無論她們婚前多麼甜美、善解人意或可愛，結婚後，她們便無所不用其極的試圖控制男人的自由，例如你必須不斷交代自己的行蹤，那是只有在孩提時期父母親才會做的事。而事實上，他為了避免父母的控制，早在十八歲時就離家在外求學工作。接受西方教育和環境薰陶的他，尤其對華人父母、東方的家庭教育方式非常不能接受。所以他很快就脫離家庭，在美國就學並工作，之後經美國總公司外派到新加坡工作。

他堪稱黃金單身漢，擁有過無數的女友，輕鬆享受著類似愛情的關係。所謂類似愛情，就是表面上如所有情人做相同的事、說相同的話，例如追求、約會、情話及上床，那就是一個休閒活動，就像打一場高爾夫球而已。至少截至目前為止，他認為女人喜歡的就是他的外在條件，還有錢，以及用錢交換的名牌。這也沒什麼，這都是成人間玩得起的休閒活動，所以他不會笨到用婚姻給另一個女人這麼大的權利，包括控制他的財富，還有他的自由。

當然，他也不想傷害女人，女人對他而言，是重要的娛樂夥伴。至少他用夥伴的身分來尊重她們，光這尊重的態度，他已經比其他男人好太多了。因此，他選擇的女人都是玩得起的成熟女人。他以為裴玲是這樣的女人，她看起來如此開朗，在床笫間毫不扭捏，更別說她已有個論及婚嫁的男友，這讓他們的關係變得更私密而刺激。

偷吃是最好的春藥，確實讓他享受了絕妙的魚水之歡。但是，他絕對沒有想要為一場娛樂付出這麼昂貴的代價——和一個女人有了小孩的牽絆。這不僅會讓他付出昂貴的扶養費外，還必須和一個女人維繫著長久關係，這感覺太糟了。他如此小心，怎可能犯下這樣的錯。所以他推測裴玲說上床那天是安全期這件事，應該是一場預謀好的騙局，這女人太貪心了。

律師看著尼爾笑了笑，太多的男人都這麼回應，她已經習慣了。

律師與法務部調查局聯繫親子鑑定事宜，並依著尼爾提供的聯絡方式，寫著郵件：

王裴玲小姐：

妳好，我是尼爾所委託的律師，尼爾委託本所處理他與妳聲稱小孩的事，我們已經與調查局聯繫辦理親子鑑定，煩請妳與本所聯絡鑑定的時間。這段期間，請勿直接打電話給尼爾先生或他的公司，如有任何問題請與本所聯繫即可，謝謝。

親子鑑定的結果

律師樓內。

「律師，妳已經把鑑定報告書給尼爾了嗎？」拿下墨鏡的裴玲，眼眸間明顯放著「期待」兩個字。

「寄了。」律師靜靜地回應，心裡暗暗地打量著裴玲。這女人雖塗著厚厚的粉，但仍掩不去長期失眠的黑眼圈，繪著濃濃眼線的眼眸，依然透著死氣的晦暗，只是在詢問到尼爾反應時，才透出略略的神采，但那就像燃燒殆盡的灰燼，在風吹過時，微微綻出些許紅光，風止後，又歸於灰燼的死寂。

她真想建議這女人去接受治療或心理諮商，但深怕這段話被惡意解讀，反倒激怒了這個處在嚴重失落而毫無自信狀態的女人。擔任多年律師的她不會蠢到橫生出更多不必要的枝節，以致增加處理案件的成本。

「那他怎麼說？已經證明這孩子是他的，他有什麼想法？」裴玲有些雀躍。那天她收到尼爾委託律師處理親子鑑定的事，她確實非常錯愕，尼爾竟然懷疑孩子不是他的，就在她用了很多杯紅酒，冷卻情緒後，終於接受了尼爾的立場。畢竟寥寥幾次的性愛就懷孕，而兩人年紀都很大了，至少大到讓他們懷疑此生都不太可能自然受孕，即便是她，獲知懷孕的剎那，確實連她都一度懷疑護士拿錯了檢體。因此，她壓抑著尼爾質疑所帶來的羞辱感，刻意忽略尼爾獲知有孩子時沒有驚喜、只有逃避的反應，並深深期待親子鑑定將會是解決彼此所有誤會的關鍵。

律師沉思了一會兒，「王小姐，不知妳有何建議？」

「我想知道尼爾何時要娶我？我們可以安排到澳洲蜜月旅行，還有在臺灣是否要買個房子給小孩，我覺得可以買在臺北市中正區，還有小孩生活費一個月大概要二十萬元。或者，我們母女也可以遷居到新加坡，但尼爾必須安排好住處。還有啊，我看中了幾個名牌包，妳幫我問問尼爾，是否給我張信用卡？」裴玲興高采烈地說自己的規畫。

她認為誤會既然解開，兩人可以開始規畫著未來，而她認為尼爾會因為先前的誤會和冷漠感到愧疚，所以開口要一些禮物，對尼爾而言應該不是問題。雖然她目前都還沒收到來自尼爾本人的聯絡，但她猜想尼爾是西方人思考，既然委託了律師，便必須尊重律師，走完所有法律流程，所以內心已經原諒了尼爾慢半拍且毫無感情的回應。

律師聽後有些咋舌，趕緊佯裝低頭喝水，斂去表情。以裴玲的人生閱歷觀察，她不該如此脫離現實感，完全活在自己的世界裡，或許感情創傷已然造成她一些功能退化。

「律師，我覺得尼爾太孤獨了，已經四十幾歲了還沒結婚，童年應該發生過什麼事。他真的需要一個家，那時候我從澳洲到新加坡，第一次看到他時，就發現他很寂寞。雖然那時我已經有一個論及婚嫁的男友，妳知道嗎？那是我公司老闆的兒子，身價上億，但我懷了尼爾的孩子，也不想墮胎，所以我還是決定和男友分手。」裴玲沉浸在自己的故事裡。

「據說你們只發生一次性關係？」律師試探著問，因為依尼爾所言，他們兩人似乎沒有太多的感情，只是意外的一夜情或幾夜情而已。但這女人所表現的，卻彷彿不是這麼一回事，這讓她很困惑。

「怎麼可能只有一次？至少三次吧！」裴玲覺得律師的問題有些荒謬。

「好吧！我會把妳的想法轉達給尼爾先生。」律師起身準備結束這次會議，不打算繼續這個話題，她覺得自己問太多了。

「律師，妳可以告訴我尼爾的反應嗎？」裴玲追問。

「王小姐，我還沒和尼爾先生深談，只是先聽聽妳的想法，再和尼爾開會。」律師避重就輕的回答，她不忍心潑這女人冷水。當她把鑑定報告郵寄給尼爾時，那男人只是回了一句：「不可思議。」

尼爾收到鑑定報告後，特地撥空來趟臺灣，甚至問她：「律師，請問這是值得信任的鑑定單位嗎？這當中是否搞錯了什麼？有沒有任何可能是被造假？」

當時她也是愣了五秒，才藉由喝水遮掩自己的反應。她多想告訴尼爾，唯一搞錯的是他上半身不接下半身而已。但她還是就事論事的回答：「這是臺灣的政府部門，你無須擔心他們的公信力，你唯一必須考慮的是如何支付扶養費，以及探視子女的問題而已。」

但尼爾不悅的問：「律師為何不考慮幫我爭取孩子監護權？」

她耐著性子分析爭取監護權的困難，她承認內心認為尼爾根本不是真心想當父親，爭取孩子監護權，不過是為了避免裴玲透過孩子需索更多的金錢而已。但這並非有利於子女的最佳利益，就算她是尼爾的律師，基於小孩利益的公益角度，她必須勸阻尼爾對裴玲發動小孩監護權的程序。當然，這些她都不會告訴已然瀕臨崩潰邊緣的裴玲。

律師打開了大門，一派送客的模樣，裴玲怔忡站在原地，困惑著究竟搞錯了什麼，接下來她該怎麼辦？

「王小姐，我會把妳的意思轉達給尼爾先生，有進一步消息，我會通知妳。」

裴玲回神看著律師，「今天就這樣嗎？」

律師禮貌的點點頭。裴玲欲言又止，覺得自己好像應該再做些什麼，或者說什麼，不應該就如此結束，但她腦袋一片空白，只好嘆了一口氣後帶著失望和無措離去。

醃漬在悲情醬缸中的女人

夜深人靜。

「哇！哇！……」嬰兒啼哭聲，在夜裡特別尖銳，不絕於耳。

睡夢中的莎莎突然驚醒，她發愣著，揣度著她因何被驚擾。她環顧著四周環境，這是一張鋪著厚厚床墊的床鋪，還有又輕又暖的棉被，床頭櫃旁小茶几上擱著熱水瓶，讓她不需走到客廳就能擁有一杯熱水，甚至泡上一杯熱可可。是了，這不是仲介公司搭的鐵皮屋，那間收容著一群和她相同來自異國的非法外勞，必須打著地鋪、毫無隱私的和一群陌生人窩在一個夏天炙熱、冬天冷颼颼的鐵皮屋。她真該感謝這個仲介讓她來到這裡工作，雖然也許因為她用被強暴的遭遇，換來仲介這點點良心。

兩個月前，當仲介告訴她這個機會，她還半信半疑，以為是另一個火坑，讓她忐忑不安。但她決定賭上一把，到那個鐵皮屋，不就是為了出來工作嗎？即便那個仲介是個噁心變態的老頭子，她也沒有太多的選擇，於是她來了，首次看到這樣的豪宅，簡直無法置信，她幾乎懷疑自己的好運氣了。

「哇！哇！……」嬰兒啼哭聲再度響起。

莎莎側耳聽見自客廳傳來小寶寶的啼哭聲，趕緊掀開棉被，從椅背上扯一件外衣隨意披上，便穿著拖鞋快步走到客廳。

走到客廳，她突然止步，躊躇著是否再往前走。

她看見女主人手持著高腳杯靜靜地佇立在窗邊，半晌，抬手晃著杯中物，一飲而盡，然後又凝視著空杯發愣。

「哇！哇！」獨自躺在沙發上的嬰兒不斷地晃動身體啼哭，女主人卻毫無反應。

莎莎蹙眉，擔心嬰兒跌下沙發，快步走到沙發邊，抱起哭到滿臉脹紅的嬰兒。

「寶寶，不哭……」莎莎低聲哄著嬰兒，嬰兒漸漸從啼哭轉為啜泣聲，她用額頭抵著嬰兒額頭，測試嬰兒體溫，再低頭聞聞嬰兒身上味道，嬰兒把手指頭伸在嘴裡，淚眼汪汪地看著莎莎。莎莎莞爾，「原來寶寶餓了。」她抱著嬰兒走到廚房，從消毒鍋內取出奶瓶，單手泡奶。

「莎莎……」裴玲遲疑地喊著。

「嗳！」她專心餵奶，隨口回應。

「莎莎……」裴玲虛弱地喊著她。

「嗳！」莎莎對於女主人任由嬰兒哭啼，相當不滿，委實不想理會這個女主人。

裴玲見莎莎冷淡回應，便沉默著，轉頭望向窗外遠處的燈火。

「小姐，寶寶睡了，我帶寶寶進房間睡了。」莎莎見嬰兒吃飽含著奶嘴睡著了，輕輕拍著嬰兒的背，讓他吐出飽嗝後，便想把孩子帶回嬰兒房。

「莎莎，我是個很糟的女人，是嗎？」裴玲問。

莎莎停下腳步，心想這個女主人不是糟糕，而是太笨，太重視男人了。但她不會回嘴，這只是她的工作，在印尼的家鄉，還有她的丈夫和小孩等著她，再等一年，賺夠了錢，足夠在印尼買房子就要回家團圓了。所以她需要這份工作，何況她是非法打工，根本不敢激怒雇主。

「莎莎，妳知道嗎？我本來有個很棒的婚禮，那個男人允諾給我一切的夢想，一場世紀婚禮、豪宅、歐洲旅遊……竟只是一場性愛，有了孩子，便毀了這個夢，我後悔出差、後悔到新加坡、後悔和尼爾上床，也後悔沒有第一時間墮胎。我捨不得孩子，所以和前男友分手，我們大吵一架，我失去了在澳洲的工作和發展，回到臺灣。而孩子的父親卻不聞不問，還懷疑孩子是不是他的，讓我一個女人失去了愛情、工作，還要獨自扶養孩子。他毀了我的一切，自己卻逍遙快活，事不關己，我恨死他了！我真的恨死他了！怎麼有人這麼壞！」裴玲痛哭失聲。

莎莎不語，只擔心女主人哭嚎聲嚇到已入睡的嬰兒。她的中文能力沒這麼好，這麼複雜又快速的發音，聽不太懂，只知道女主人為了男人悲傷。但哭有什麼用，一點幫助都沒有，眼前只要能活下去，就是很幸運的事。更何況女主人有著這麼好的生活條件，身邊還有可愛的寶寶，她實在不明白女主人有什麼好悲傷的。

「小姐，我帶寶寶進房間了。」莎莎相當睏了，明天一早就要起床工作，所以藉詞離開。

裴玲趴在沙發上繼續哭泣，這個畫面佇立在她的人生太多次、也太久了，一個把自己醃漬在悲情醬缸中的女人，她的淚水不會有重量。

命運二・落跑新娘

她瞇眼抬頭望著樹葉間錯落的點點光芒，半晌微勾起唇角，低頭探望著睡在懷裡的寶寶。

公園內不時傳來孩子嬉鬧聲、老人間透過伴唱機唱出五音不全的歌聲，還有籃球場上吶喊聲，風吹過樹梢的聲音及漫步在公園的腳步聲，但都沒有驚擾女人懷中嬰兒的酣睡，和她微揚唇角的寧靜。

直到手機傳來簡訊的叮咚聲，女人從大提袋內翻出手機查看，她漸漸蹙眉，手機上顯示著：「安雅，家裡收到一封律師函，有空回來看一下。」她氣憤地把手機丟進大提袋內，懷內嬰兒突然皺著眉，扭著身體，漸漸睜眼，女人急著拍拍嬰兒，哄著嬰兒再度入睡。

這女人，張安雅，三十五歲，未婚生子。

缺席的婚禮

美雲按下飯店電梯內顯示第八樓層的按鈕，並在飯店服務員的引導下來到新娘休息室，一位小姐坐在沙發上狀似無聊地翻著雜誌。

「張安雅小姐，妳好，我是鄧美雲。」美雲簡單自我介紹。

「喔，妳好。」安雅禮貌的起身致意。

「張小姐，妳今天的髮型就是現在這樣嗎？」美雲確認新娘子的髮型。

「是的，麻煩妳了。」安雅微笑地坐到梳妝臺前。

美雲攤開彩妝工具後即投入工作中。在一片靜默中，美雲很有效率的完成了新娘妝。

美雲看著鏡子仔細檢視新娘子妝容，但見安雅半闔著眼，對自己的容貌似乎不在意。

「張小姐，已經好了，妳看有無問題？」美雲喚了一下安雅。

安雅抬眼匆匆看了一下鏡子，點點頭，然後起身從皮包取出一個紅包給美雲，「鄧小姐，這是今天酬勞，請妳點一下。」

美雲低頭從紅包取出紙鈔，約略數了一下，便收進皮夾內，道聲謝後即收拾行李離開，在轉身把門帶上前，不經意地往裡頭望了一眼，便見新娘子坐回沙發上隨意翻閱著雜誌。

美雲拉著行李，尋找飯店洗手間指標，在偌大飯店樓層間穿梭，費了些許時間，才找到設在走廊盡頭轉角處的洗手間。她稍做整理後，走回到上樓時的那座電梯前，電梯門正好即將關上，美雲連忙伸手按著電梯門外按鈕，「嘿，不好意思，請等一下！」電梯門再度打開，她愣住了，因為電梯裡就是剛才那位新娘，她同時也錯愕地望著美雲。

「啊！鄧小姐，妳還沒離開？」安雅有些慌亂。

美雲點點頭，「嗯，剛去了一趟洗手間。」

然後兩人在電梯裡都尷尬地沉默不語。

電梯門一打開，安雅向美雲點頭示意後，便匆匆離去。

律師樓內的求婚

安雅依著律師函的地址來到律師樓。

身著西裝、年約三十歲的男人，焦急的看著坐在對面的安雅，她則低頭不語。

「你們哪一位先說？」律師微笑地問。

「我先說明好了。我們倆同居三年，現在已經有個兩個月大的寶寶，但安雅不願意和我結婚，上個月她不僅離開婚宴現場，還帶著孩子搬離我們共同住的地方。」男人訴說著困擾。

「請問張小姐可否說說原因？」

「盧鴻明，我並沒要你負責啊，我會自己養小孩。」安雅抬起頭，深感困惑地看著那男人。

「安雅，那孩子也是我的孩子啊。妳怎麼可以這麼做？竟然一聲不響的離開婚宴，還好我只請兩桌親友，否則妳要我怎麼交代？」鴻明無奈的對著安雅說。

安雅沉下臉說：「我真的沒有準備好結婚，這件事真的很抱歉。但原來你是因為孩子才要娶我？」

「不是，當然不是！我是真的愛妳才要娶妳！」鴻明急著解釋，安雅聽到後表情稍為緩和。「安雅，妳縱使不嫁給我，我也會認領小孩，小孩和結婚是兩回事，不信妳問律師。」

安雅轉頭望著律師，律師不疾不徐地解釋：「倘若你們兩人沒有結婚，孩子被視為非婚生子女。當然了，盧先生曾經撫育這孩子，在法律上已經視為認領，他可以持孩子出生證明、認領同意書、監護權約定書及姓氏約定書等，到戶政事務所辦理認領登記，或透過法院的確認親子訴訟。所以，他和孩子的關係，確實不需要透過結婚。」

「對吧，我沒說錯吧。我不需要透過結婚就可以認領小孩，也可以探視子女。」鴻明急切地看著安雅。

安雅沉思了一會兒，「我怎麼愈來愈覺得你是因為小孩才要娶我？」

「律師，我可以簽婚前協議，包括給她一間房子，如果她堅持孩子隨她的姓氏，我也認了，第一個孩子隨她的姓，第二個孩子隨我的姓。安雅，這樣可以了吧？妳可以帶孩子回家了吧？」鴻明深感無力，覺得自己真的已經退無可退了。

「張小姐，看來盧先生真的很有誠意，竟然願意簽婚前協議書。妳看他學經歷都滿好的，外表又體面，我相信他有很多可以選擇的對象，但對妳情有獨鍾，妳不妨考慮。」律師興致盎然地看著這對男女。

「是啊，林律師，他符合很多女人心目中的夢中情人……」安雅凝望著鴻明。

鴻明看到安雅態度有些鬆動，開心不已。

「所以嫁給他，我怎麼會安心？」安雅撇著嘴。

鴻明一聽，頓時氣餒地癱在椅子上。

律師噗哧一笑，覺得這對男女挺有趣，鴻明無奈地說：「婚前協議可以約定，如有違反婚姻忠誠，便可以處罰違約金，白紙黑字寫下來，這樣可以吧？」

安雅狐疑地點點頭。

「太好了，我們來挑幾個結婚登記日期吧。我擬好婚前協議書再寄給兩位確認。」

律師開心地撥內線，請助理上網挑幾個吉日。

「抱歉，我還要再想想，我還是不確定鴻明是否真心。現在我必須回家餵寶寶母奶了，所以可能要先離開。」安雅看著律師從網路查閱吉日，並和鴻明討論結婚日期，突然覺得這一切真的太荒謬了。結婚不該從討論黃道吉日開始，總之她覺得渾身不對勁，遂起身向律師點頭致歉，拿著皮包便想離開。

「安雅！」鴻明急切地喚著正準備離開的安雅。

「我們下次再談吧，現在我真的要回家看寶寶。」安雅語氣和緩地解釋。

「我送妳回家。」鴻明尾隨著安雅身後。

「不用了，我自己回家。」安雅搖頭。

「那我現在可以去看寶寶嗎？」鴻明有些焦慮。

安雅回頭看著鴻明，才緩緩地說：「抱歉，今天不方便。」

鴻明望著安雅離開，一臉頹然地坐在椅子上。

「律師，妳說說看，我哪裡不愛她了？」鴻明沮喪得不知該如何處理這整件事。

律師同情地看著鴻明說：「應該是她不愛你吧。」

回家

幾個月後，安雅帶著孩子回家了，她決定再給他們倆一次機會。

其實安雅回家的轉折，是因為一天深夜裡，寶寶突然發高燒，她慌了手腳，一時半刻叫不到計程車，便焦急得打電話給鴻明。睡得迷迷糊糊的鴻明無意識的接起電話後，聽到安雅焦慮的聲調，二話不說地趕了過來，開車送她們母女到醫院。這瞬間的反應，讓安雅心軟了。

之後，他每天來看她們母女，明明不懂得照顧人，竟也學習如何沖泡牛奶、換尿布。對很多女人而言，會對一個男人動心，或許是追求過程中的溫柔體貼，也或許是物質上的滿足。但有更多的女人再度愛上自己男人的原因，是他願意和她並肩照顧孩子。風流倜儻的外表，都抵不過彎腰為孩子換尿布，逗著孩子玩時的風采。

是的，當了母親的女人，她會因為男人如她一般呵護著孩子而再度愛上這個男人。

因此，安雅帶著女兒回家了。

夜裡，坐在電腦桌前工作的安雅，疲憊的伸展筋骨。她轉身看了看牆上時鐘，長短針指著凌晨十二點多了。她起身走到置於身旁的嬰兒床，寶寶睡得正香甜，恬靜的小臉蛋，宛如沉睡的小天使。安雅靜靜地凝望著小寶寶，心中溢滿身為母親的幸福感，讓工作造成的疲倦一掃而空。

半晌，大門傳來轉動的鑰匙聲。

安雅趕緊走進客廳，擔心鴻明返家的聲音吵了寶寶。

「姊姊！」鴻明一開門便看到安雅站在玄關，以為她特地等門，心中一陣激盪，便開心地擁抱安雅。

安雅聞到酒味，蹙眉地半推開鴻明，「你喝酒了。」

鴻明依然把身體賴在安雅身上，緊緊擁著不肯放手。嘴裡喃喃說道：「真好，妳在家真好。」

他們倆是姊弟戀，安雅比他大了六歲，所以自相識以來，兩人便以乾姊弟相稱。他總依賴安雅的照顧，某次趁機耍賴地住進安雅屋子不肯離去，然後逐漸把他的私人物品占據安雅的屋子。從浴室的牙刷、牙杯開始，然後在她的衣櫃空間擺進他的貼身衣物。對此鴻明非常得意，而安雅拿他沒轍，於是兩人開始同居生活。

兩人以乾姊弟的稱謂過著同居生活，但保有自己的空間。安雅總淡然地看著鴻明不間斷地結交女友，她也說不清楚兩人的關係，應該說誰也說不清楚這是什麼關係。直到有一天他們意外的有了性關係，然後見到鴻明像偷了腥的貓，每天開心的纏著她、膩在她身邊，她也就由著他了。自此，鴻明自稱斷了外面所有的桃花，似乎下了決心似地專心在她身邊當個乖乖貓。

於是，他們倆很自然而然地過著像夫妻般的生活。安雅從沒想過結婚，認為同居關係對她是安全而沒有任何威脅性，但鴻明不知足，膩著她要生一個寶寶，於是他們倆有了安琪兒。然後鴻明又開始討一個婚禮，他逼到她的底線了。

最後，她逃離了婚禮，乾脆帶著寶寶離家，她需要時間想清楚。他像瘋了似的找她，甚至連律師都找上了。但這些都沒打動她，直到那晚他帶著她們母女到醫院，照顧著孩子，才讓她決定再次返家。

「你小聲點，吵到寶寶，你就自己哄。」安雅邊推開鴻明，邊幫鴻明褪下衣服，然後把他推進浴室內。

「姊姊，我想睡了。」鴻明還是一臉孺慕之情。

「先洗澡，否則別上床。」安雅不理會鴻明的撒嬌，把他推進浴室，然後轉身走進房間幫他拿換洗衣物。

安雅把衣服遞進浴室後，當著鴻明呆愣的表情及赤條條的身體，關上門。她站在浴室門口，笑了笑，心想，結婚似乎也沒有不好。雖然她不認為那有什麼重要的，但鴻明說這對孩子比較好，也許他是對的吧。

再度落跑

上午十一時多，安雅身著白襯衫牛仔褲，把寶寶揹在身前，拎著裝有鴻明西裝外套的袋子，走出捷運站。

鴻明下午要去廠商公司開會，早上匆忙間忘了帶西裝外套，所以託安雅幫他送過來，兩人相約在捷運站碰面。因為安雅不過問鴻明的公事，也沒興趣和鴻明這年紀的朋友往來，所以不曾到鴻明的公司，因此相約在公司附近的捷運站。

由於他們倆約十二點，時間還早，安雅便走進捷運站旁的漢堡店。

「請給我一份米漢堡和一杯熱牛奶。」她點餐後，便選了靠窗且看見捷運站的座位。

門口傳來一對男女的嘻笑聲。「你今天請客喔。」一個發嗲的女聲傳來。

安雅沒受影響地繼續低頭撥著小片麵包，讓寶寶試著咀嚼。寶寶最近在長牙，喜歡磨牙。

「當然，想吃什麼盡量點。」朗朗聲傳來。

安雅一聽是熟悉的聲音，抬眼望了望已走到點餐櫃檯的男女。

一名相當清麗的年輕女孩親暱地從男人背後勾摟著他的脖子，嘴裡不知嘟囔著什麼。

然後兩人嬉鬧地轉身過來等候餐點。

大男孩一轉身便看到安雅，一時愣在那裡，不知如何回應。

「鴻明，我幫你把西裝外套送過來了。」安雅鎮定的抱起寶寶，從座位上起身。

「嗯，謝謝，這麼早就到了？」鴻明一臉尷尬。

「這位是你姊姊啊？」鴻明旁邊的女孩勾著他的手，開心地冒出這句話。

鴻明困窘地把女孩勾的手拉開，沒有直接回應女孩的問題，安雅見狀突然想笑。

「是啊，我是鴻明的姊姊。」安雅譏諷地接話。

年輕的女孩沒有覺察氣氛有些尷尬，還想繼續攀關係聊上幾句時，安雅便打斷，把袋子交給鴻明，「這是你的衣服，我還有事先走了。」

「安雅！我今天回家吃飯。」鴻明急著從後面喚著安雅。

轉身離開的安雅，已是含淚了。

這次的轉身，又是離開的開始。真愛這件事，真的很麻煩，也很惱人。

手機鈴聲和簡訊聲不斷叮咚響個不停，安雅抹臉揮去淚水，關掉手機，帶著孩子搭上捷運。回到家後整理了簡單行李，便跨出門檻再度離開。

傍晚，男人幾乎衝回家，推開大門，屋內沒有透出一絲光線，他氣餒地跌坐地上，倚在牆邊，無法動彈。

單純的愛

「媽媽的安琪兒，媽媽好愛妳喔。」安雅慈愛地凝望著懷裡的小女娃。

安雅嘟著嘴扮鬼臉，小女娃便噗著口水咯咯地笑起來。安雅又幼稚的用嘴唇做出連續噗聲，拿著手指頭對著小娃娃胳肢窩搔癢，小女娃像個唐老鴨似的咯咯大笑，安雅笑得前仰後翻，母女兩個就這樣來回玩了半個小時。

「噗！噗！噗！」小女娃小屁屁傳來悶悶的連續響聲。

安雅和小女娃都愣住。然後小女娃鼓起腮幫子，扁著嘴，脹紅了臉，「噗！噗！」

「妳這小臭娃，嗯臭臭了喔。」安雅皺起鼻頭，用手搧了搧，然後轉頭從衣櫃裡拿出濕紙巾和新尿布。

小女娃兩眼骨碌碌地看著媽媽，嘴裡吐口水、手足舞蹈的動來動去，嘴裡吐著「ㄇ」的疊音，彷彿不斷喚著媽媽。

「妳這個小臭娃，嗯臭臭嗯得暢快囉！」安雅解開小女娃尿布，哼著兒歌，溫柔地幫小女娃擦拭小屁屁，再撒些爽身粉，才更換乾淨的尿布。

這就是單純的幸福，安雅心裡這麼想。

此時放在書桌上的手機閃著光，傳來一通簡訊，「安雅，妳和寶寶在哪裡？可以回我電話嗎？」

轉眼，又傳來一通簡訊，「安雅，我真的很想念妳們母女，拜託妳給我一通電話，我們倆好好談，好嗎？妳到底要我怎麼做？」

半晌，又傳來簡訊，「我和那個女人絕對沒有半點關係，她就是個花癡，妳不要理會她，我真的很愛妳們母女，求妳回家。」

安雅全然沒有檢視手機簡訊，把所有注意力放在小女娃身上。

安雅的恐懼

「媽，我和安琪兒回來了。」安雅抱著入睡的寶寶站在書房門口，輕喚著媽媽。

滿頭銀髮的老太太正手持畫筆，凝神看著剛完成的花卉圖。在偌大的宣紙上，但見一朵黃色小花傲立其中，點染勾勒之間，盡見凜然的花骨及柔情般的花瓣。這幅花卉端的是俠骨柔情的意境，老太太嘴角微揚，似頗為得意。

「媽！」安雅又輕喚了一聲。

「噯！妳回來了啊。」老太太此時方回神看著門口的女兒。

「媽媽的畫作技巧愈來愈出神入化了。」安雅走進書房，站在書桌旁讚歎著這幅花卉圖。

「哪稱得上技巧，日日靜坐，才略略繪出這朵花的精氣神一二。」媽媽笑吟吟地側身讓安雅賞畫，順便輕巧地從安雅懷裡抱起寶寶。

一遞一抱之間，寶寶便睡眼惺忪地睜開雙眼，骨碌碌地看著滿臉慈愛的外祖母。

「醒了喔，來見婆婆，便要醒著好。」安雅媽媽逗著寶寶。

安雅莞爾，摟著嬌小的母親往書房外走，帶她到客廳沙發。

「媽媽，我有事要跟您說。」

「噯，說就說，做啥這麼嚴肅。」安雅媽媽小心翼翼地抱著孫女坐到沙發上。

「媽，我又帶著安琪兒離家了。」安雅仔細觀察媽媽的反應，這輩子她最敬重和在乎的就是媽媽了，所以非常緊張媽媽的想法。

安雅媽媽沉默一會兒，方啟口：「女兒，可還記得妳小時候，媽媽便說過，妳只要願意對我說實話，都可以得到我的諒解？」

安雅點點頭。

「人生是一場說走就走、風風雨雨的過程，我們只能用看風景的心情，度過每場荊棘和磨難，所學的不過就是不枉此生的智慧，盼的不過是闔眼離去那刻的豁達和圓滿。女兒，妳可是正在逃避人生的功課？」安雅媽媽靜靜地看著安雅。

安雅低頭不語。

媽媽抱著寶寶起身走到窗邊。半晌，她又問：「女兒，是因為我和妳爸爸失敗的婚姻嗎？」

安雅依然沉默。

「妳爸爸風流成性，外遇不斷，導致我們婚姻的破裂，但我依然不認為我和妳爸爸的相遇是一場錯誤。相反地，我感謝他，雖他帶來人生劇痛，因我愛著而痛，但我卻藉此學習更多的人生智慧。我只能說，我們有著不同的人生選擇，他讓我歷經愛，也嘗盡痛，豐富著我的人生。我怎能不感謝那段曾經？」安雅媽媽回頭再度凝視著安雅，「女兒，最重要的是，因為有妳爸爸，我才在此生遇見妳。」

安雅聞之含淚無法言語。

「女兒，我雖然不知妳真正的想法是什麼，但尊重妳的選擇，妳擁有我此生的支持。但提醒妳，面對生命，妳只需享受經過，無須卑微，面對磨難，無須恐懼，放下心地去走一遭吧。」

「媽，我會再好好思考，想清楚後會和鴻明說明白，我不會逃避這一切。」安雅感謝地看著宛如生命中燈塔的母親。

什麼是婚姻？

安雅抱著孩子坐在公園內，望著來來往往的人群。

一對夫妻帶著孩子從她的前方走過，丈夫抱著小孩，妻子則提著購物袋，兩人似乎討論著購買哪個牌子的衛生紙。

她心想這就是婚姻嗎？婚姻就是夫妻在家庭內分工合作？還是一場習慣和依賴的關係？

另一對夫妻在公園內寵物區遛狗，夫妻倆笑呵呵地聊天。

這就是婚姻嗎？婚姻就是休閒時，有人甘於做伴，互相分享樂趣？

一名外傭推著上頭坐著老太太的輪椅，從她前方走過，走向另一名同樣推著老太太輪椅的外傭，然後兩人用著母語聊天。兩個坐在輪椅的老太太則毫無反應，或低頭，或眼神失焦地望著前方。

這就是沒有婚姻的人嗎？還是有婚姻，也一樣是一個人？

又有一對夫妻面無表情地各走各的路，若非兩人行進間不斷保持著相錯一個肩膀的距離，根本看不出兩人是同行的夫妻。

這是老夫老妻嗎？結婚久了，兩人就會變成這樣嗎？

安雅在公園裡觀察並猜測著每個人背後的婚姻，探索著婚姻的價值，但她還是不知道結婚和不結婚的差別在哪裡？

手機繼續叮咚做響，顯示著鴻明的簡訊。她不用看也知道簡訊內容，不外乎就是「求妳回家」、「想念妳」之類的。

其實，她很困惑鴻明的執著，就如同她困惑著自己逃避婚姻的原因。

最終命運・兩個女人的結局

律師早上走進辦公室，一手端著熱咖啡，一手開啟電腦郵件信箱，像跑馬燈似的跑出幾十封郵件。

律師，您好，我是盧鴻明，先前我委託貴所代擬婚前協議及結婚日，不知您是否還記得？後來安雅回家了，但還是沒有結婚，然後她又帶著孩子離家了。我不知道該怎麼辦了，不知律師有何建議？

律師莞爾，心想在律師樓求婚求了老半天，如今還是你追我跑的婚姻，真是一對寶，挺有趣的。

律師，請妳過目一下這女人寫給我的信，我真的覺得她只是企圖不斷要從我身上拿錢而已，我感到被威脅恐嚇，太恐怖的女人了。

Date:Sat,10,Dec 2014 22:08:25
From：peling0404@gmail.com
Subject：未來
To：Neill1203@yahoo.com.tw

親愛的：天氣轉冷了，你要多保重身體，早晚都要添加衣服，別為了工作傷了身體。另外，我覺得你真的該好好地規畫，應該幫女兒安排入新加坡國籍，還有學校及添購一間房子給孩子，讓孩子在臺灣接受小學教育後，就轉往新加坡念書，所以我和孩子在新加坡需要房子。我有個朋友目前居住在新加坡，她給我一些建議，也願意幫忙找房子，真是個好人，我把你的聯絡方式留給她了。玲

律師看了這封郵件，噗哧地笑出聲，她覺得這女人似乎逐漸活過來了，整人實在挺

有創意。原來她沒有發生這件事以前，是個很有趣的女人啊。

她把咖啡擱在桌上，開始敲著鍵盤：

盧先生，你好：

依目前法律規定，因為你們兩位沒有結婚，所以對於小孩的身分，你有幾件事需要處理。

首先，你依然可以持相關證件到戶政事務所辦理認領登記，或到法院提起確認親子訴訟，並請法院酌定子女監護權（親權）及探視權，透過社會局訪視，你也比較清楚孩子狀況，也能如期探視子女。當然，你也可以考慮爭取孩子監護權，但孩子還小，且向來由母親照顧，實務上你不易取得子女監護權。建議你不妨先規畫探視方案，如能與張小姐和平協商，這是最好的狀況。倘若不行，透過法院調解，也是可行的方法。

她把郵件送出，啜口咖啡，又繼續敲著鍵盤：

尼爾先生，你好：

由於親子鑑定報告已經完成，我明白你無意與王小姐結婚，但關於孩子的狀況，我方無法迴避責任，希望你慎重考慮並提出監護權、扶養費及探視計畫，雙方得對此協商，並擬定協議書。

基本上從這封信看來，我判斷王小姐對孩子監護權採開放態度，顯然願意共同監護，所以才會提到孩子入籍新加坡的事情。看來，她非常需要你的協助，想要與你一同負擔父母的責任。

電話聲響，她停止敲打鍵盤，接起電話，繼續處理其他人的故事。

這兩則麒麟花的故事，顯然並沒有真正的結束，
因為他們都還在人生的道路上持續糾纏，
重複著你追我跑的戲碼，很難想像會有落幕的一天。
等孩子長大後，他們會再繼續另一個階段的劇情。
只是尼爾或安雅不信任愛情或婚姻的理由，
讓我反覆咀嚼一件事──
到底，什麼是真愛？

眞愛的省思

眞愛是經歷選擇及承諾的過程

當妳情不自禁地愛上一個人，並且幸運地，他也愛上妳，兩人陷入熱戀時，在發生這一切之前，妳規畫過什麼嗎？或者妳預設過條件嗎？

記得我有一位女性朋友在婚姻中出軌了，她愛上老公以外的第三人，她說：「律師，那是一種被雷打到的感覺。」她看我一臉狐疑，接近懵懵懂懂的蠢樣子時，她又補了一槍：「妳不懂啦。」

坦言之，我確實無法理解，她看起來如此精明，怎會犯這樣的錯誤？我先強調，我並非從婚姻忠誠的觀點質疑她，對於已經沉浸不倫之戀的女人而言，跟她談婚姻忠誠，將會是一件毫無建設的談話。

我嘗試著發問，像個學生似的請教她。愛上婚姻以外的第三人，意味著即將失去現有的一切，重點是現狀所擁有的這一切，無論從哪個角度看，包括她老公的條件，以及給她的生活環境，那是多少人夢寐以求的一切，就像裴玲失去了陶德一樣的悲慘。

但她懶懶地看我一眼，頗不以為然地說：「那我趕快放棄婚姻，把這個夢中情人送給那些大排長龍的女人好了。」於是她再度用鄙夷的眼神望著我，一派「妳這個只會忙於工作，保守、無聊且不懂得享受愛的女人」的眼神望著我。

好吧，我這個人向來有濃厚的求知欲，那句「妳不懂啦」和那個鄙夷的眼神啟發了我認真思考和揣摩這種情境。

於是，我不斷反覆點播，眾人的夢中情人金城武拍那支「世界愈快，心則慢」的電信廣告，因為廣告內形塑的那個男人，看起來真是帥斃了。斯文的外型、濃濃的書卷味，以及品茶的模樣、撐傘走入雨中的背影，都像極了心中的徐志摩。好吧，有點傾慕的感覺了，至少廣告中確實有「打雷聲」，我開始靜靜地幻想這是否像那位女性朋友所說的「被雷打到的感覺」。但我開始想像並且假設，是否會選擇他當我的人生伴侶？

我不斷地企圖激發自己的「渴望」，並且等待著它發生。很可惜相當失敗，因為我看到廣告中的蝸牛，讓我覺得也許那就像跟蝸牛過生活，挺無趣的，有點氣餒。於是我已經開始搜尋廣告內那支迷人的藍調，找到了藍調歌手迪克（Dick Hymas），那唱入靈魂的歌聲，實在太迷人了。最後我大量點閱迪克的音樂多於金城武的廣告，看來音樂比男人更沁入人心。

我那位美麗的女性朋友又以青春蕩漾地語氣說：「我無法解釋為什麼愛上他，那是一種心靈找到了相同的頻率，有著同樣心跳的感覺。第一次見面後，我就在往後每個日子開始思念他了。」

我真覺得這個朋友挺適合寫愛情故事，相當具有渲染力，她對愛情的形容，讓我憶起初次看到爆漿巧克力蛋糕的感受。

有人說真愛是選擇，這句話不假。也許心動是剎那，甚至迷戀也是短暫，但當陷入愛情，並且停留在愛情關係裡，就是一種選擇了。選擇愛上他及被他所愛，這是愛情裡最迷人、最美的地方。

選擇並且承諾愛上一個和自己一樣不完美的人，我認為這已是接近真愛的詮釋了。我們都明白愛情裡除了享受那些臉紅心跳、甜蜜、愉悅到暈頭轉向的時刻外，會有更多時刻處在爭執、嫉妒、攻擊、猜忌、悲傷、擔憂及恐懼中，甚至包括夜裡惱人的磨牙、打鼾、嘮叨，以及那些令人難以忍受的壞習慣。但妳還是明白一件事，即便披著婚紗、牽手走紅地毯那令人感動的一刻，過了許多年後已是褪色而模糊的記憶，且他的外形已經走樣，也不再有年輕時的吸引力，離金城武的形象很遙遠，即便如此，妳依然願意陪伴他、照顧他，這就是真愛。

真愛總是能在妳遭遇愛情或婚姻困境，處在難以忍受的爭吵或平淡無聊的生活中時，找到原諒及接受的力量。

寫這篇文章時，正值二〇一四年的冬天。大陸瀋陽網有篇報導，傍晚，一位老太太突然昏倒在地，呼吸微弱，路人主動將老人抱起，一名年輕女子蹲在老太太身邊，為她進行心肺復甦術，但老太太依然陷入深度昏迷，路人趕緊撥打一二〇電話求救，並從身上會員卡輾轉通知老太太的丈夫。

老先生趕到現場，看到躺在地上的老伴後神情呆滯，在她的身邊走一圈後跪在地上，把剛才因心肺復甦術而解開的衣釦，一顆顆的重新繫上，然後解開自己的外衣衣釦，席地而坐，並用那件外衣圍住兩人，把老伴緊緊擁在懷裡，不願放手。路人見狀莫不鼻酸，不忍打擾，有些路人勸他，他說：「我不冷，我沒事，我還不想起來，我想最後再抱她一會兒，以後都沒有機會了。」許多路人被這一幕感動了，主動為他戴上手套，並且團團圍住，為這對老夫妻擋住寒風。

這篇報導讓我看見真愛的容貌，也許有些人不認同，尤其那些主張愛情速食論的人必然不能接受，認為這把真愛擺在太不具人性、太偉大的位置了。但我們無法解釋並否認，看到那篇報導，我們確實如那些路人深受感動，內心深處渴望著那般的真愛，並且如此推崇。

所以仔細想想，倘若在婚姻中遇到迷惘或困境時，真愛能否為妳找到答案或者繼續這段愛情或婚姻的力量嗎？我那位女性朋友遇到了那個男人，也許會有被雷打到的感覺，也或許能為她找回小鹿亂撞的那一刻。但那是真愛嗎？這點我不清楚，但我認為真愛必須歷經「選擇及承諾」的過程，太隨心所欲的愛容易善變、也太容易唾棄和後悔了。

戀愛不一定會走上婚姻一途，當然真愛也不必然走入婚姻，只是婚姻裡若無真愛，實在不知要用什麼理由繼續忍受婚姻裡的困境？

那麼，尼爾和安雅對於愛情或婚姻過度防衛了嗎？還是他們還沒遇見真愛或是婚姻伴侶？那是一個讓他們就算再多的防衛之心，也無法阻擋那顆願意不惜一切地付出代價、也不求回報的心。

面對未婚生子，妳會是安雅，還是裴玲？

真愛是一種選擇，既然是選擇，這當中自然存在著除了被雷打到的感覺外的思考。就如同麒麟花，從偽裝出令人眩目、誘人紅唇般的苞葉中，找到真正的花朵。那是顆真心，也叫真愛。或許如她的花語所說的自衛之心，帶著很多的防備，但也因為走過艱難、經過思考、透過尋覓，才識得她的真心，她的不恣意、不容易顯得更可貴。

這篇故事中的裴玲和安雅，是截然不同性格的女人，面對自己的愛情和婚姻，或者說面對未婚生子這件事，有著不同的解讀，也因此走出不同的故事與人生。

多年前許多未婚生子的女性，前來尋求協助時，始終只是一種表情——被始亂終棄的苦旦角色。諮詢如何讓那男人認領子女，然而認領子女，只是手段，目的是要透過訴訟逼出那個男人。但那又如何？案件到最後，哪個不是真心換絕情的戲碼？

近年逐漸出現像安雅的女人，非常清楚知道自己想要的人生，通常諮詢關於監護權的法律問題，而不是詢問關於這男人始亂終棄該如何處置。所以乍看到安雅顛覆以往女性被害者的劇情，著實開心。因為我更進一步看到另一種劇情，雖男人不始亂終棄，但女人也能擺脫社會傳統對女性的包袱及窠臼，找回自己詮釋故事的能力。這意味著女性覺醒的腳步，已然邁進這個世代裡。

或許有人會認為安雅過於防備著婚姻，可能錯過無數個鴻明，但我認為她是個聰明、識得真愛的女人。至少看到她不斷試煉這段感情，不要鴻明因孩子而結婚，也不是要鴻明的財產承諾，她要的是比財富更可貴的真心，那種稱之為真愛的珍寶。

那是一種足以讓她託付真心，並選擇與承諾共患難的伴侶，就如同她愛孩子般的真愛。或許在父母失敗婚姻的經驗中，她對婚姻有更深的認識與謹慎的選擇，但就如她母親所言，安雅所需要的，只是放下心地給自己婚姻一次機會。

至於裴玲與尼爾，他們對這段性愛關係有著完全不同的描繪與體認，兩人不在同一個平行線上談性愛或關係，這類型的案件，多數出現在校園師生戀之間。

記得曾經有一名女學生與老師發生不倫之戀，後來發現這名已婚的老師同時和很多女學生發生性愛關係，女學生痛苦萬分，這名男老師安慰她說：「其實妳是真愛，其他人都只是玩玩而已。」但之後透過網路與其他網友交換資訊方獲知，他跟其他女學生也都這麼說。於是她陷入無盡痛苦的處境，長期服用安眠藥物度過每個無眠的夜晚。

另一個案例則是女學生傾慕著老師，老師與其交往，並有了性關係。對此，老師認為雙方僅止於性的關係，而女學生認為雙方是真愛，對於老師同時與多位女學生交往，非常痛苦，卻又無法放手，質問老師何以這般對她，老師再度重申雙方僅止於性，她若不能接受，就不要與其交往。這位老師充分運用了情愛關係裡的優勢，定義並主導這段關係，而女學生則在愛情裡卑微地繼續這段扭曲且不對等的關係，終至崩潰。

相同地，裴玲背叛論及婚嫁的男友，與尼爾上了床，對這場性愛和期待，裴玲的想像豐富得令人咋舌。究竟她真認為他愛她，還是她愛他？換個比較不厚道的說法，難道她認為尼爾是個因愛而上床的男人？或者尼爾會認為裴玲因愛而與他上床？倘若裴玲有現實感，對於一個單純因為性與她上床的人而言，何以會因為小孩而與她結婚？對於在商場上打滾多年的尼爾而言，他是非常擅長精打細算的。結婚的成本，或者說離婚後的成本，如果沒有真愛或任何高過財富在他心中的價值，他怎可能付出婚姻的代價，因一場性愛而送上結婚的承諾？

然而，裴玲似乎真的這麼認為，她放棄前男友，失去了工作，生了尼爾的孩子。她似乎真的誤判這場她與尼爾的關係，透過認領過程逐漸明白尼爾的想法，卻因此陷入痛苦深淵。假裝尼爾會娶她、假裝尼爾像個負責任的情人或孩子的爸爸，假裝著他們倆的未來，藉此安慰自己這一切還有「希望」。

相反地，尼爾對於裴玲的「深情款款」或「噓寒問暖」，如他所告訴律師的，被

「威脅恐嚇」了。顯然，在他的認知裡，兩人根本毫無感情，只是一場性關係而已，那些「深情的表現」不過只是一場誘騙而已。他認為這整件事就是一場騙局，甚至包括有了他孩子這件事，都是裴玲想藉此訛詐金錢的手段。

看來，一場性愛，兩人各自表述，這件事荒謬到令人感到悲哀了。

幸福的角度

給思考一點廣度，給希望一點高度，給糾結一點適度，恰好是幸福的角度。

防衛之心，本是生存的本能，無可厚非，若無防衛之心，我們就不會思考，也不知選擇與承諾的重量。

尋找真愛或婚姻的過程，自是有甜蜜也有苦痛，哪個人不在追尋過程中嘗盡失望、憤怒或悲傷。但因為走過、磨難過，也重建過，我們學會與自己的內心對話及協調，累積出我們的人生智慧，學習著面對無常的淡然與泰然。

是的，無論在哪一個階段，我們都會「經過」。那是過程，不是結局，也不是未來。我們不需要為過去而綑綁著現在的腳步，甚至拿著過去的經歷詮釋著現在和未來的風景。所以，給自己一點思考的空間，也給未來一點希望，給糾結一點適度，這般的防衛之心，會是恰好的幸福角度。

關於未婚生子，你該知道的法律

未婚生子所衍生的法律問題，並不複雜，就只有孩子的身分。非婚生子女透過認領等程序而為婚生子女的法律意義，便是關於子女權利義務行使或負擔，其中包括子女姓氏、扶養義務、監護權、探視權及繼承權。

非婚生子女的認領

在婚姻關係以外所生的子女，稱為非婚生子女，與其生母為當然的親子關係，發生扶養與繼承的身分法關係。但與其生父則需透過與生母結婚或認領程序，發生法律上的親子關係。

其中所稱認領程序，又分做「任意認領」及「強制認領」兩種。任意認領只要生父表達認領的意思即可。如果有撫育的行為，也視做認領，此時生父可以持相關證件，包括出生證明、認領同意書、監護權及姓氏約定書等，到戶政事務所辦理認領登記，也可以到法院提起確認親子訴訟。

倘若生父拒絕認領者，生母及子女則可對生父提起認領的訴訟。

子女姓氏

在子女出生後戶籍登記上從母姓，但在生父認領後，子女未成年前得由父母以書面約定變更為父姓或母姓，子女成年者得變更為父姓或母姓，且各以一次為限。但一些特別情形，諸如父母一方顯然沒有盡到保護教養的情形，或姓氏和有監護權的父或母不一致的情形，父母一方或子女可以向法院請求為子女的利益，宣告變更子女的姓氏為父姓或母姓。

扶養義務

父母雙方應共同負擔未成年子女的扶養費，如故事中孩子由裴玲扶養照顧，尼爾則必須負擔孩子的扶養費，通常可以自行約定按月支付扶養費的額度。但如無法約定者，得透過法院聲請扶養費，通常依孩子所居住地區的行政院主計處所公布該年度的每戶每人消費性支出標準計算，以民國一〇二年臺北計算，為二萬六千六百七十二元左右，法院會依父母雙方經濟能力及扶養程度比例分攤。以裴玲為例，裴玲沒有工作，但尼爾有相當的經濟能力，因此倘若本案透過訴訟，尼爾便需負擔每月二萬六千多元的扶養費給裴玲。

未成年子女監護權

也就是未成年子女權利義務行使或負擔（眾人通常以「監護權」稱之，法律實際上稱之為「親權」），由誰擔任的問題。

監護權分做「單方監護」和「共同監護」。所謂單方監護，也就是由父或母的一方，單方決定未成年子女的權利或義務，例如孩子的住居所地、學校、出境及醫療等；而共同監護，則由父母雙方共同決定未成年子女的權利或義務。

但監護權約定的內容可以彈性調整，例如以單方監護為原則，但例外的是，如子女的重大醫療或移民需經過雙方同意；或雙方以共同監護為原則，但如子女緊急醫療、銀行開戶或保險等則由單方決定。此部分詳細狀況，請參考本書附錄中由律州聯合法律事務所所製作的未成年子女權利義務行使或負擔建議書。

未成年子女探視權

亦即未與子女共住的父母一方與子女會面交往的約定。通常約定子女十六歲之前，每月兩次週末的過夜探視，寒暑假另外增加共同生活的期間，特殊節日如農曆新年、子女生日及中秋節、清明節等，另以奇數年及偶數年輪流。十六歲以後由子女決定，此部分詳細狀況可以參考附錄中的建議書。

子女的繼承權

該名子女與被繼承人的配偶及其他婚生子女均分遺產。亦即，如故事中的尼爾日後結婚並且生了子女，日後發生繼承事件後，除了依夫妻財產制分配財產給妻子外，裴玲所生的子女與尼爾的配偶及其他子女均分遺產。

婚前協議、婚姻契約

至於婚前協議或婚姻契約，一般內容包括：夫妻共同住所地、家務分工、夫妻財產制、夫妻是否冠姓、子女姓氏及婚姻忠誠、防止家庭暴力條款等。請參考本書末所附的現代婦女基金會受暴訴訟扶助委員會的婚姻契約內容。

但婚前協議或婚姻契約內容如有違反公序良俗，就會無效。下文用一個真實案例說明被法院認定婚前協議無效的情形。

有一對夫妻在結婚時簽署了婚前協議書，大致內容：婚後分工，打雜由夫負責，款項分配、決策則由妻負責。夫收入款項全部交由妻支配，用以支付雙方全部開銷後，全部做為妻的自由處分金（即零用金），如有不足夫應補足，並以欠款方式處理。家中大小事，如協議不成，由妻決定。雙方如有爭吵，不問是非，一律視為夫犯錯，夫必須道歉，妻可不用道歉。

因此，婚後夫每月把薪資交付給妻做為家用，扣除家用還有剩餘者全歸妻所有，妻每週再撥付些許零用金給夫。而且如因家用較高，所交付薪資扣除後若有不足，夫還必須補足妻的自由處分金。

夫苦不堪言，希望調整，可是妻依然堅持遵循婚前協議書。因此短短幾年，縱有百萬年薪，夫婚後存款歸零，還因此負債數百萬元。最後法官認為夫因婚前協議而陷入無止境的負債深淵，永無翻身之日，而妻竟因婚前協議坐享其成，無須負擔任何家計，自己每月開銷高於夫數十倍，所以夫主張婚後毫無經濟自由，宛如奴隸，有其依憑。故法官不僅認定上開婚前協議內容無效，還以不堪同居虐待的理由准了夫的離婚請求。

同時，婚前協議或婚姻契約均不宜以離婚為前提預作財產分配之約定，實務上法院多認為此為違背公序良俗之約定而無效。

另外，故事中鴻明在律師樓提到願意贈與安雅不動產部分，雖然安雅最後並沒有答應，但如果讀者有類似狀況，建議可以在婚姻契約上註明：「男方同意於民國〇〇年〇〇月〇〇日贈與女方坐落於〇〇市〇〇路〇〇號房地。」並經公證，因為經過公證，就不可以隨時撤銷贈與，且如有遲延贈與時，也可請求交付對方移轉贈與物。如因可歸責於對方事由而給付不能時，也可以請求賠償贈與物的價額。不過，如贈與約定後，鴻明經濟狀況顯有變更，如因贈與導致其生計有重大影響，或妨礙他對扶養義務（例如對父母）履行者，可以拒絕履行贈與。

在此還是提醒，婚前協議的目的，是為了促使雙方在婚姻裡平等互重，更是為使準新人透過婚前協議認識婚姻裡除卻愛情，還有更多的柴米油鹽醬醋茶的實際問題。但無論如何，夫妻對他方的付出，應該本乎珍惜與感謝，無關權利、無關義務，更無關協議書，千萬別搞錯重點。

以上僅供讀者參考，還是建議如遇到類似情形，仍需就個案情形諮詢律師，會比較周全。

3

飛燕草——自由

飛燕草，花呈穗狀，基部花柄比上方花柄略長，
為總狀花序，花色有藍、紫、紅、白色等，色澤豔麗，
盛開時宛如飛燕群舞，因此她的花語，就有了「自由」的意涵。
愛是自由，也不自由；而婚姻，更要用自由來換另一個人的自由，
但如果有一天不換了呢？或妳要得太多，或他要得太多呢？
可不可以不要全部交換，讓出一些自由的空間，
別讓婚姻如此昂貴到買不起？
這是一對姊妹關於愛、婚姻與自由的故事。

沾著朱紅的筆細細地描繪兩片薄唇，那是一張女人的嘴，待筆一離唇，便急著張合，加入一室的流言蜚語。

美雲將新娘的頭扶正，盯著鏡中的妝容，新娘抬眼望了一下美雲。

「這個賤女人，自私自利！」「怎麼有這麼壞的女人，還有臉要看小孩！」「她一定會遭天譴！」坐在新娘旁的女人們群起詛咒那個女人。

新娘房內一群人不斷八卦著不在場的「那個女人」故事。

那個女人，江雲菲，二十六歲結婚，三十一歲離婚，生有一子。

被咒罵的女人

「曉玲，妳說那個女人會不會回臺灣啊？」新娘轉頭，蹙眉地對著坐在旁邊的女人說。

「惠珍，妳別管那女人了，她回來又怎麼樣？難道她回來，哥哥就不跟妳結婚了嗎？」那名為曉玲的女人明顯是新郎的妹妹，她蹺著二郎腿，坐在新娘旁，喝著可樂，潤著喉。她像個說書者，和一屋子女人口沫橫飛地說著那女人的故事。

「哼！我怕她嗎？我若看到她，就甩她一個耳光，妳哥哥太善良了，我可沒那麼好惹！」新娘子惠珍齜牙咧嘴的。

美雲眉峰漸攏，垂下定妝的手，惱著這張臉似乎怎麼畫都沒進展。

另一名女子邊吃著薯條，邊接話說：「曉玲，妳說那個女人還在紐西蘭嗎？結婚了嗎？」

另一個女人誇張的神情說：「聽說離婚後就釣到一個白人金龜婿啊！」

曉玲不屑地撇嘴，便叼了根薯條往嘴裡嚼。「哼！什麼金龜婿啊，我聽哥哥說好像是一個喪妻的鰥夫。」

在詛咒聲中，美雲嘆了一口氣，抬眼望了望牆上的時鐘，原來這工作費了近兩個小時。她聳聳肩緩和一下緊繃的肩頸，忽然看見坐在時鐘下方的小男童，她愣了一下，看著那小男童獨自一人盤腿坐在地上，垂頭地專心玩手機上的遊戲。這孩子不會和她一樣，也聽了兩個小時關於「那個女人」的故事吧？

雲菲和雲芳

「嘟！嘟！」綁著兩根辮子的小女孩跪在地上，嘟著嘴模仿火車聲，小手拎著火車頭拖曳著後面的車廂，奔馳在彎曲的軌道上。

雲菲坐在沙發上出神地望著火車急駛在軌道上。

「雲菲，該出門了，已經一點多了，妳不是和建華有約？」一名婦人匆匆地從廚房跑到客廳，探了探還跪在地上玩火車的女兒，方抬眼望見依然坐在沙發上的雲菲。

雲菲望著這個只長自己一歲的姊姊雲芳，用鯊魚夾固定著散亂長髮，穿著沾著油漬的花圍裙，踩著拖鞋衝出來探望女兒的動靜。可以想見她剛專心打掃廚房，突然憶起四歲女兒，才跑出來探探。

「嗯！還有點時間。」雲菲起身走到雲芳後頭，拿掉她頭上的鯊魚夾，放下頭髮，用手爬梳、順了順髮尾後，重新盤起髮髻，然後從口袋裡摸出一根髮夾，用牙齒撬開夾子，插入髮髻內。

雲菲低頭從皮包內掏出吸油面紙，在雲芳臉上T字部位按了按，最後把她身上圍裙解開，遞到雲芳手上，「姊姊，丟了吧，可以汰換的東西，別捨不得。」

雲芳有些困窘地站在原處，任由雲菲打點，她知道自己有些邋遢。

雲菲微微撇嘴，試著勾起嘴角，然後拿起放在沙發上的背包。「走囉！」

「童童，跟阿姨說再見。」雲芳喚著正玩著小火車的女兒。

「阿姨，再見。」小女孩怔怔地看著已走到門口的雲菲側臉。半開的大門，走進一室日光，與阿姨迎面相逢，讓她臉龐微微發亮，隱約見著她在午後陽光中揚著唇角，揮手離開。

我愛他嗎？

男人專注地盯著電腦，已經持續三個鐘頭了。

雲菲窩在沙發上靜靜地望著這個男人側臉。她愛這個男人嗎？他輪廓不深，皮膚白淨，神色淡如清水，頗有白面書生的氣質。她不懂面相，但這男人鼻翼邊沒太深法令紋，眉眼間也沒動態紋，誰都會推測他的溫和好脾氣，這是她當初和這男人交往的原因。

但她愛他嗎？她和建華交往兩年，結婚兩年多，但她像認識他一輩子了。因為他就是很簡單的人，就像他早上起床，一定先喝一杯溫開水，下午一定吃顆蘋果和芭樂，那是他母親每天特意為他準備的水果，就算兩人約會看電影時，他也不忘這個習慣，就是吃蘋果和芭樂。他的簡單帶給她安定感，這是她答應結婚的原因。

這麼多年來，他們兩人幾乎不曾吵架，如果把吵架定義為兩人臉紅脖子粗地用情緒性用語攻擊對方的話，他們真的沒吵過架。基本上，如果她不說話，兩人便如今日這般，可以安靜一整天，保證門外走過的人，會誤認屋內不過是點了盞燈的空屋。除非第三人在場，例如婆婆或孩子，才會打破這一室的沉默。

只要有空檔，例如下班後或例假日，他就坐在電腦桌前打怪獸，直到婆婆喚他吃晚餐，他會持續十分鐘左右，和網路上隊友打聲招呼後便起身到餐桌。這似乎是他和婆婆多年來的默契，無須太多的溝通，就達成一致行動目標。她觀察過，連那十分鐘的等候時間都相當精準，至少比公車站告示牌顯示的候車時間還準。

在飯桌前，婆婆會先幫他添一碗飯，大約七分滿，因為婆婆認為吃飯七分飽是養生，然後再為他添一碗熬煮的熱湯。飯後他會看幾分鐘的電視，然後再繼續坐回電腦桌前。但別以為他沉迷於網路，因為十點一到，他會自動起身去盥洗，然後準備上床睡覺。是的，他並不沉迷於網路，甚至比任何人還自律。事實上，她根本沒看過他沉迷任何一件事，他只是規律而已。

她愛他嗎？她深信兩人可以白頭偕老，並且預見這輩子，他們都可以「和諧」相處。她想自己已經比任何女人幸運了，婚姻中不會有外遇、家暴、衝突，甚至連婆媳問題都沒有。住在隔壁的婆婆，讓他們夫妻倆保有自己的空間，還每天固定來接小孩到婆家，等到傍晚時再帶孩子回來，並備好晚餐，讓她毫無後顧之憂的當個職業婦女。這樣的婚姻，她能抱怨什麼？

這個男人起身了，她愣了一下，轉頭看牆上時鐘，長短針指著九點半。「我去媽媽家接小志回家。」他淡淡地回頭看了她一眼。是了，她想起來今天婆婆帶孩子到親戚家串門子，現在應該回家了，難怪這男人提前三十分鐘起身。

「我去接小志嗎？」她擱下手上的書。

「我去接就可以了。」他已經在玄關彎腰穿鞋，拿了鑰匙離家。

「九點四十五分。」她依然坐在沙發上看著牆上時鐘，此時大門傳來鑰匙轉動聲。

「媽媽！」一歲多的小男孩一手環抱著爸爸的脖子，一手伸向她，她邁步到大門邊，從他懷裡接手抱過孩子。

「媽媽說小志已經洗過澡了。」他簡單交接後，便走到房間拿內衣到浴室盥洗。

她莞爾地望向時鐘，十點，真準時。她抱著小志走到客房，夫妻倆自從有了孩子後便分房睡，各自保有空間。

這段似乎可以白首偕老的婚姻，她卻不斷自問——愛他嗎？

那一年，她二十八歲。

飛鳥刺青的女孩

雲菲習慣在清晨慢跑。趁著小孩還在睡，在上班前的空檔，一個人到附近學校操場慢跑。濛濛亮的清晨，已經很多人到學校運動。她先原地伸展，轉轉腳踝熱足了身後，便開始每天三千公尺的慢跑。

奔跑間任冷風撲臉，冷卻一顆不安定的心。

她餘光看見一個女孩身影在圍牆邊塗鴉。跑第一圈時，她看見女孩繪出一隻大鳥的輪廓，不是她特別注意牆上圖形，而是女孩持油彩筆揮出三公尺長的巨大鳥形，即便她忙著喘氣，用著餘光都能判斷圖形。

跑兩圈後，已見女孩用著繽紛而豔麗的七彩顏料，描繪出一隻翱翔天空的鳳凰，俯瞰大地，宛如睥睨天下。

跑最後一圈時，那女孩繼續塗鴉，繪出碧空如洗、無邊無際的天空，讓慢跑中的她不禁仰望破曉的天色。

她氣喘吁吁地結束跑步，拿著毛巾抹乾臉上的汗，拿起搭在籃球架上的薄外套，穿上後便提步往那面繪有鳳凰的牆走去。

那女孩正蹲著身體收拾油彩，她靜靜地站在那女孩身後凝望那面牆。女孩從地上光影覺察有人站在後方，抬頭瞇眼回望。

「畫的真好！」雲菲看著這幅鳳凰翱翔的畫作，讚歎地說。

女孩笑著起身，爽朗地喊：「早安啊！」

雲菲此時才望向這女孩，微愣，好靚的女孩！她穿著淡紫色的內搭褲，身著鑲著鉚釘的灰色短皮外套，領口成鋸齒狀，搭著蕾絲內衣，臉上繪著濃濃往上勾勒的眼線，左手帶著露指手套，俏麗鮑伯頭的髮尾連接著耳際邊的飛鳥刺青，渾身散發著既搖滾又妖媚的氣質，和白皙如瓷般的膚質所透出的青春氣息，竟有著詭異的和諧感。

「我得趕快跑了，等一下被學校警衛逮到，就不好玩了。」女孩笑嘻嘻地拿下頭上戴的白色圓形耳機，掛在頸上。

雲菲又望向牆上的塗鴉，無法想像這麼摩登俏麗的女孩竟然畫出古老傳說的鳳凰。

「姊姊！」女孩喚著她，雲菲這才發現女孩已經走了一段距離。女孩揮著手，「姊姊，那幅畫送給妳了。它叫自由，這幅畫就叫追風的自由！」她遠遠地喊著，便跑向另一面圍牆，翻牆離開。

據說，在象形文字中，鳳即是風。那女孩說把自由送給她了，雲菲久久不能回神。一股旋風在體內捲起莫名熱流，無法停歇。

雲芳的困境

在醫院，瀰漫著藥味，還有生老病死的味道。

雲芳揭開衣服讓醫生檢查傷勢。

「這陣子妳就觀察一下有無頭暈、噁心，判斷有無腦震盪現象，再回診。」急診室醫生面無表情的交代。其實她並沒看清醫生的表情，那只是出於自己的想像。這次事件對她衝擊實在太大了，腦袋一片空白，周遭的聲音和動作，彷彿播放器變調，詭異而扭曲的緩慢。

雲菲和小女孩坐在診間外頭的長椅上，兩人都低頭玩手機。

「這是妳丈夫造成的嗎？」護士跟雲芳低聲交代，並介紹站在旁邊身著醫院制服的女孩，「這位是我們醫院社工，她有些事想跟妳談。」

「喔，好。」雲芳恍神地依循醫院指示，處理外傷和家暴的通報流程。

「雲菲！」雲芳想起了妹妹和孩子，喚著坐在長椅上的雲菲。

雲菲抬頭望了望她，「姊姊，怎麼了嗎？」

「我去處理一下事情，妳和童童在這邊等我。」

雲菲點點頭，雲菲起身看著姊姊隨著醫院社工走進一間小辦公室。

「阿姨，媽媽還沒好嗎？」童童有些不安地扯了扯雲菲的衣襬。

雲菲蹲下身抱起童童，走到醫院門口外。她覺得需要到外面吹吹風，無論是藥水味或不時傳來的哀號聲，甚至姊姊臉上瘀青的模樣，都讓她有些喘不過氣來。

今天早上雲菲送小志到婆婆家準備上班時，接到姊姊來電，姊姊在電話中哭哭啼啼的說被姊夫打，她要去醫院驗傷，請雲菲幫忙帶童童。她深覺不可思議，因為姊夫是一個非常風趣體貼的人，這也是讓姊姊死心塌地的主要原因，為了這男人甘於放棄她自幼最愛的空姐工作，在家洗手做羹湯，當個賢妻良母，如今竟發生家暴事件，讓她無法想像。

雲菲轉頭回望醫院，看見姊姊兩眼放空，慢慢踱步地走在醫院的走廊，頓時兩眼酸澀。她實在不知道一個往日這麼愛漂亮又開朗的姊姊，怎麼會把自己搞成這樣。

她放下童童，牽著受到驚嚇的孩子走進醫院。「姊姊，現在要去哪裡？回家嗎？還是先到我家？」雲菲問。

雲芳搖搖頭，「我也不知道該去哪裡？」

「那我們先去吃飯好了，快中午了，童童應該餓了。」雲菲裝作若無其事地說。

雲芳依然無神地點點頭。童童不曾見過媽媽這樣，她有點害怕，緊緊抓著阿姨的手。

崩潰的雲芳

「他怎麼可以這樣對我？」女人不斷重複這句話。

「他和那個女人應該才剛交往吧。那個女人一定是黏著他，他這個人就是心軟。」女人持續喃喃自語。

「那個算命說他們剛認識而已，那女人是個狠角色，逼著他無法分手。算命說這爛桃花還要糾纏三年。」女人在屋內持續來回踱步。

雲菲看著姊姊喃喃自語已經兩個多小時，她原先還安慰姊姊，並且很盡力地分析姊姊婚姻中的困境。但姊姊根本無意與她討論，只是持續反覆地說那些關於小三的事，所以她乾脆不回應，讓姊姊一個人唱獨角戲，但姊姊顯然沒有發現一個人自言自語了許久。

看到姊姊披頭散髮，兩眼浮腫，眼眶邊圈著濃濃的黑眼圈，不知失眠了幾個夜晚。雙頰凹陷，眼眸間透著抑鬱不安的神情，這還是那個曾經豔麗四射如明星般的空姐嗎？見她如此鑽牛角尖，走不出外遇和家暴的創傷，雲菲感到非常無力和不捨。

「姊姊！」雲菲連喊了幾聲，企圖喚醒雲芳。

雲芳怔忡地望著雲菲，似乎現在才回神發現妹妹的存在。她慢慢低頭看著妹妹雙手緊握著她的手，她的臉頰有些癢癢的，似乎有些什麼東西爬過，她抬手摸摸臉頰，看著沾濕指尖的淚水，才知道眼淚像有了生命似地流下來。

「雲菲，他怎麼可以這樣對我？」雲芳乾脆緊抱著雲菲痛哭失聲。

雲菲嘆了口氣，任由姊姊擁抱宣洩，她望見小童童怯怯地站在房門口。「童童，來阿姨這邊。」小女孩隨即奔到雲菲身旁，全身緊偎在雲菲身邊，側身探手輕撫著在阿姨懷裡母親的頭髮，嚅嚅地說：「媽媽，不哭。」

雲菲看著這對母女，心中宛如堵了一顆大石頭，難以呼吸。

夢中奇緣

那一晚，雲菲做了一個夢。

她走進森林，遠遠地看到一個女人穿著單薄的晨衣佝僂著身子。她雙手邊撥開眼前的枝椏，邊走近，在幾公尺距離的地方止步，並窺視著那女人。只見那女人拿著鏟子不斷挖洞，直到坑洞夠深時才停手，然後丟下鏟子，躺了進去，再徒手抓著土，一把一把的掩埋自己。她嚇得跑到坑洞邊，大喊：「妳做什麼？」那女人已是滿臉塵土，泥土和汗水把頭髮黏成糊狀遮住容貌。

「雲菲？」那女人開口。

「妳是誰？妳怎麼知道我的名字？」

那女人回答：「我就是妳，妳就是我啊！」隨即抹了抹臉，面無表情的望著雲菲。

雲菲看到那女人的臉，嚇得跌倒在地，因為那女人的臉赫然就是自己。雲菲轉身就跑，雖然不知道要跑到哪裡，但哪裡都好。

一隻黑貓停在前方，望著跑得氣喘吁吁的雲菲，黑貓露齒笑了。雖然很滑稽，但她就覺得那隻黑貓在笑。

「跟我來。」那隻貓竟然說話了。

雲菲愣住，那隻黑貓笑著往前跑。雲菲不知不覺地跟著跑，穿過森林，就是一望無際的草原，她繼續跑，跑過一片草原，她發現身體變得身輕如燕，輕到可以跳上山崖邊的雲朵上。

雲朵上的她開心大笑，望見山谷的溪水、山坡間的小花。她轉頭看見前方雲朵上的黑貓，轉頭對她露齒笑，然後變成操場上的女孩，對她揮揮手，指指另一座山。於是雲朵載她到遍地是綿羊的草原，她跳下雲朵繼續往前奔跑，穿過草原，跑進灌木林。

一隻棕色毛茸茸的大鳥從灌木林中踱步過來，她知道那隻大鳥是奇異鳥。她像有武功似地單手抓著鳥嘴躍上了鳥背，奇異鳥載著她繼續奔跑，再度來到另一個山頭的崖邊。天空出現七彩的鳳凰，飛到她眼前，她從奇異鳥的背上跳上鳳凰，她俯在鳳凰背上，鳳凰帶她翱翔天空。

「雲菲！」

鳳凰突然失去重心，在天空翻滾。

「雲菲！」

她從鳳凰身上滑落，不斷下墜。

就在接觸到地面的那一刻，她睜開了雙眼。

「雲菲，起床了。」建華在房門外敲門，喚醒雲菲。

雲菲有些迷懵，半晌才從夢中清醒。

她轉頭看看身邊的小志，依然睡得香甜。「我醒了。」雲菲輕聲回應建華。

雲菲坐在床上，咀嚼著夢境。「我醒了。」她喃喃自語。

轉頭瞥見擱在床上的平板電腦，她記起昨晚在電腦上看到一個部落客分享在紐西蘭遊學的生活，然後睡著了，難怪做了這個奇怪的夢。

她緩緩起身，一如往常準備一天的開始。不同的是，今天的她，心中種下了「願」，那個願，是關於一開窗就可以看到一大片天空和草原的地方。

律師的觀點

「我不知道該從哪個地方說起，我第一次到律師樓。」雲芳很忐忑地望著律師，雲菲坐在旁邊握了握姊姊的手。

律師笑著點點頭，「沒關係，慢慢來，先說說你們何時結婚？」

「我和先生結婚五年了，我們有個小女兒，今年四歲。兩個月前我發現先生和一個大陸女人交往，當然，我沒有抓姦在床的證據，只是有一天晚上先生剛好起來上廁所，床邊的手機 wechat 傳來留言，我不小心看到內容，裡頭寫得很露骨。他回來時，我問他，那女人是誰，他騙我那是援交的廣告留言，他根本不認識那女人。當時我對通訊軟體不是很清楚，所以沒有再追問，但之後我開始發現先生的行蹤很詭異。」

律師有點好奇地問：「喔？怎麼說？」

「我開始搜尋他臉書的好友，從留言中連結到他的好友中標註了一張照片，那照片裡他和一個女人合照，雖然旁邊還有別人。重點是我比照時間，那是他年初出差香港的時間，但那張照片卻是拍攝於上海，他顯然說謊。於是我又在晚上趁他睡覺的時候偷看他的留言，這次發現帳號大頭貼就是那張照片的女人。我又翻他的公事包，竟翻出保險套。我們已經很久沒有性行為了，根本不需要保險套。所以，我猜他大概在大陸和臺灣都有女人。」雲芳鉅細靡遺地說著這段像偵探的日子。

「妳翻拍了那些留言嗎？問題是這涉及妨害祕密。」律師蹙眉地提到法律上的擔憂。

「所以沒有用嗎？」雲芳低落地問。

「先別管這些，妳發現外遇留言後，發生什麼事？」律師微微傾身，繼續問坐在對面的雲芳。

「我等著先生下班回家，然後把翻拍的照片沖洗出來，丟在他前面，跟他攤牌。然後我們發生衝突，他搶了那些照片又把我的手機丟到馬桶。我們不斷拉扯，後來我跌倒，頭撞到了浴缸，我頭暈地坐在地上。他嚇傻了，然後衝出家門，就再也沒有回家，直到上個月回家一兩次，但只是拿了一些衣物就走。他根本不管我和孩子好不好，我又沒有錯，錯的是他，他怎麼還可以理直氣壯？」說到這裡，雲芳已經是淚流滿面。

律師嘆了口氣，遞了一盒面紙。

雲菲輕攏姊姊肩膀，見她一時半刻還難以平復情緒，便接著問：「請問律師，像我姊姊的情形，該怎麼辦？」

「在法律上涉及幾個程序。首先關於外遇的部分，雖然可以控訴通姦罪及民事上侵害配偶權的損害賠償，但我認為那些翻拍的照片，除了證據上是不是可以用，以及是不是足夠證明通姦的問題外，我們也會涉及妨害祕密罪，法律風險相當大。另他搶奪手機及照片行為，可能涉及搶奪罪或強制罪，但我們也有舉證問題。他造成雲芳的傷害，則涉及傷害罪，同時也可以訴請損害賠償及聲請保護令，但他已搬離原住所地，可能已不存在繼續發生的危險，因此應無聲請保護令的必要。最後，妳姊姊可以考慮訴請履行同居、請求家庭生活費或離婚訴訟。」律師逐一解釋法律程序。

兩姊妹聽了一頭霧水，「所以律師的意思是我們什麼都不能做？」雲菲蹙眉地確認律師的意思。

「法律不保護人嗎？這還有公平正義嗎？」雲芳已從悲傷轉為憤怒了。

當事人類似的抱怨，律師已經聽太多了，於是耐著性子，盡量白話解釋。

「法律制度本來就有一套機制，法官不是神，無法還原真相，只能依憑著證據判決。對於多數人的權利互相衝突，例如隱私權和配偶權發生衝突時，就會有衡平法則的思考，這當然涉及每個法官的法律價值判斷，具有不確定性，我只能分析這案件中，我們所面臨的法律風險。況且我剛也提到這案件不是沒有法律救濟程序，我們可以考慮訴請履行同居、請求家庭生活費或離婚訴訟。只是要先搞清楚，我們要的是什麼？想離婚嗎？」

雲芳搖頭。「我為什麼要離婚，便宜了外面的女人？何況我目前沒有工作，法院會把孩子監護權判給他的。」

「小孩監護權的判斷標準，倒不會因為妳沒有工作，法院就認為妳不適任監護，因為離婚不影響孩子的扶養義務，如果監護權判給妳，對方一樣必須負擔孩子扶養費。至於履行同居訴訟，因法院不能強制執行，簡單說，不能強迫對方回家，所以功能有限。」律師委婉解釋，雖然她認為這些話都不是雲芳想聽的內容，她頓了一下，繼續說：「分居期間，妳先生還有繼續支付家用嗎？」

雲芳點點頭，「這個月他還是依慣例把薪水匯到我的帳戶內，但我不知以後他會不會繼續支付。」

「請問律師，妳建議我姊姊怎麼做？」雲菲很難一時消化太多的法律資訊，只能用簡化的方式詢問。

「雲芳住的房子是誰的？」律師想在提出建議前，詢問更仔細的資訊。

「我婆婆的房子，怎麼了嗎？」雲芳有點擔心的問。

「婚後你們夫妻倆有財產嗎？」律師不直接回答雲芳的問題，繼續蒐集資訊。

「他每個月薪水六萬元，都會匯五萬元給我當做家用，所以他應該沒有多少財產。我有些積蓄，幾張保單和定存。」雲芳蹙眉地思索這件事，律師已經把她帶到理性的現實面了。

雲菲焦慮地追問，「所以律師建議我們現在該怎麼做？」

律師看了雲菲一眼，才緩緩的回應：「一般人想的是失去了多少，該如何攻擊對方。但法律人所想的是關於婚姻風暴，該如何控制風險和設定停損。」

律師語氣略頓，加深那句話的力量。看到此時的雲芳神情逐漸從悲傷轉為專注和清明時，她才繼續說：「妳們有沒有想過，一個想離開卻無法脫離的男人會怎麼做？當然，妳必須先判斷他是否想放棄這段婚姻。」

「律師，妳認為他放棄婚姻了嗎？」雲芳抿嘴地說，一顆淚水在眨眼間，又從眼角滑落。

「對不起，我必須殘酷的說，難道妳不覺得他轉身太快了嗎？妳才丟出簡訊，他就離家，妳不曾想過那些簡訊是他故意留給妳看的？公事包裡的保險套不是故意留給妳翻？他有這麼笨、這麼粗心？妳就沒想過他可能想藉此和妳攤牌？你們的感情真的一直很好嗎？」律師乾脆把最糟的情形，赤裸裸地丟到檯面上。

雲芳緊抿雙唇，眼神閃了閃，沒有反駁律師的話。

「他不曾跟妳提過離婚？」律師喝了一口茶水，但眼眸沒有離開雲芳的眼睛。

雲芳點點頭。雲菲有些詫異地轉頭看著雲芳。

「難道這樣就可以外遇，還有家暴嗎？」雲芳不悅地說。

「當然不可以，只是回到這個問題的源頭，很多狀況可以判斷他想離開了，他並不珍惜這個家庭，不在乎妳的感受了。」律師企圖強迫雲芳面對現實。

「一個想離開的男人會想盡辦法脫身，包括攻擊，我這只是假設。」

「我沒做錯什麼，他怎麼攻擊我？」雲芳不解地問。

「有些律師或徵信社會建議攻擊妳，例如側拍妳和異性友人照片，從角度製造妳和朋友的曖昧關係；或挑釁，讓妳口出惡言，藉此蒐集證據。有些律師甚至建議當事人不斷興訟，讓妳受不了，這種事很多。」律師認為有些事點到就好，免得當事人草木皆兵。

「那我該怎麼辦？我也有他外遇的證據啊！」雲芳不曾想過這些問題，但律師說的情形，可能性確實很高。

「我說這些假設性情況，只是要提醒妳，倘若繼續留在這段婚姻裡，妳是否想過未來的日子是什麼狀況？怎麼讓那個男人回頭？唯一的辦法，就是讓他想回家，但本來就想離開的人怎麼回家？求他嗎？我已經告訴妳，法律上沒辦法強迫他回家，那妳該怎麼辦？妳想過嗎？委屈自己去懇求一個做錯事情的男人嗎？妳要繼續在一個不對等的扭曲關係裡嗎？」律師的話宛如醍醐灌頂，雲芳沉默無法回應。

「律師，妳建議我姊姊離婚嗎？」雲菲試著釐清律師的意思。

律師嘆了口氣，「我沒有建議妳姊姊離婚，但她必須考慮清楚自己未來的路。法律是個行動，在她想清楚並且決定後，才能開始擬定法律策略和行動。不過，我提醒通姦罪的刑事告訴期間是六個月，民事損害賠償的請求權時效是兩年。我建議妳帶姊姊去諮商吧，每個人遇到這類重大創傷，都會需要接受諮商的協助。」

律師說完，隨之起身，她認為這次的諮詢應該結束了，這些資訊已經超過當事人的負荷。

雲菲隨著起身致謝，律師點點頭便先離開會議室。

雲芳恍神地看著律師離開，拉著雲菲的手，「妹妹，我不想離婚，我真的不想，離婚了，童童怎麼辦？」

雲菲不語，她的腦袋也被律師的話炸得一片空白。

雲菲的選擇

她有點忐忑不安，佇立在房門前，手提起又放，放了又提。

就在她想放棄轉身離開之際，房門瞬間打開。

房門內外的兩人面面相覷，愣了幾秒。

「妳怎麼站在這裡？」建華先回過神，微微蹙眉相問，他不太習慣突如其來的狀況。

「我……」雲菲支吾其詞，找不到適當的詞彙。

「小孩睡了嗎？」建華很快地找回平口的神情，淡淡的詢問。

「是的，我有些事想跟你說。」雲菲想到夫妻間怎麼彬彬有禮到這程度，想來就一口氣堵著胸口。

建華側身探了探客廳牆上時鐘。雲菲忙著解釋：「我知道現在已經十一點了，我等小志睡著才過來的，不會耽誤你太多時間。」

建華點點頭，提步往客廳裡頭走。雲菲微愣，不進去房間裡頭談嗎？這麼疏離？她苦澀地笑了笑，跟著走到客廳。

建華打開落地燈後，便坐在單張沙發上，低著頭等她。雲菲踱步過來，挑了另一側三人座的沙發坐下來。

「是這樣的，我有個紐西蘭的朋友問我是否願意去遊學打工。」雲菲偷偷望了建華的神色。

「什麼樣的工作？」建華有些不解。

「在紐西蘭南島，在四月分上旬招聘奇異果季節員工，他們需要六百名員工，我可以安排語言學校，邊念書邊打工，至多一年就回來了。」雲菲解釋。

「妳現在的出版社工作怎麼辦？打工能賺多少錢？小志現在才兩歲，妳真想去，就等小孩上小學再說。」建華聽到雲菲的想法有些詫異。

「我想媽媽可以幫忙帶小志，等到小志念小學，我就太老了。」雲菲試著和建華溝通。

建華起身。「我認為這個計畫不妥，現在太晚了，我先進去睡了。」

雲菲怔怔地看著建華離開的背影。

「可是，我查詢紐西蘭遊學打工簽證資格必須是未滿三十一歲，我今年二十九歲了，只剩明年的機會了。」雲菲留在原地苦澀地對著空蕩無人回應的客廳，訴說著自己的想法。

姊妹的衝突

她望著窗外，進入眼簾的是凹凹凸凸的大廈，以及蒙上一層浮塵、像補丁似的灰藍天空。

耳邊傳來尖銳重複的女人聲調，「我不會離婚的，我為什麼要離婚，法律一點都不保障女人。」

真不明白為何這尖銳的聲音竟能讓她腦袋渾渾噩噩，生了睡意，她打了一個大哈欠。「雲菲！」那尖銳的女聲終於有了引起她關注的詞彙，雲菲溫吞吞地轉頭看著姊姊，「怎麼了？」

「我問妳，我現在是不是要找徵信社？」雲芳走到雲菲面前再重複一次問題。

「喔，妳要離婚了嗎？」雲菲有些犯糊塗了，找徵信社抓姦，要做什麼？

「我說過不要離婚，找徵信社只是要看他到底跟哪個女人在一起，我要告那女人啊！律師說我的證據不能用，那就找徵信社，他們應該知道哪些證據可以用吧。」雲芳輕哼了一聲，來回不停地繞著客廳走動。

雲菲看的頭都暈了。「姊姊，這陣子妳諮詢了多少律師和算命師？妳現在又要找徵信社？妳資訊還不夠多，還是錢花得不夠多？」

雲菲起身伸個懶腰，搥了搥僵直太久的腰背。「我要回家接小志了。」

「你們大家都不要我好了！都走！都走！」雲芳見妹妹這麼漫不經心，生了惱意。

雲菲瞪著姊姊，「妳要自怨自艾多久？搞得好像全天下的人都負妳，罵老公、罵女兒、罵法律、罵家人，到底哪個人妳看了順心的？妳自認為自己是受害者，難道童童就不是？我不是？我甚至懷疑姊夫也是受害者了？」

「妳說什麼鬼話，妳姊夫外遇家暴，怎麼是受害者？」雲芳怒極了。

雲菲翻了翻白眼，簡直有理說不清。「妳就繼續當個受害者好了！妳不放過自己，也不放過任何人！妳要我說給妳聽嗎？自從結婚以來，妳要求姊夫把所有薪水交給妳，每天報告行蹤，只能穿妳買的衣服，手機不准設密碼，連臉書帳號、郵件帳號，妳都要求有共同密碼。請問，這個婚姻跟監牢有什麼不一樣？是誰都想逃獄吧！」

雲芳淚水登時滑落，委屈地說：「妳怎麼可以這麼說？妳明明知道他外表條件好，異性緣特別多，如果不是這樣，我有必要管妳姊夫嗎？」

「江雲芳，那是妳選擇的老公！妳沒有安全感，不代表就可以擁有權力掌控別人的生活。是的，姊夫有錯，但妳別覺得自己像個完全無辜的被害者，既然無法和這樣老公過著安穩的婚姻生活，那妳就放手吧。放了自己，也放了別人，不是很好嗎？」雲菲受夠了姊姊活得像個深宮怨婦。

雲菲還想繼續說些什麼時，大門傳來鑰匙轉動聲，一個男人打開了大門。

「姊夫！」雲菲喚了那男人，那男人微愣，顯然沒想到會在家裡看到雲菲。

他望了望佇立在客廳那頭的雲芳，臉上有些尷尬，約莫猜出兩姊妹正在討論關於他的事。總之，不會是好話。

「雲菲，妳來了啊！」他有些窘迫的回應。他是個重視禮儀的人，這也是他特別有異性緣的原因之一。

「吳志浩，你終於知道回家的路了？」雲芳嗤笑。

志浩頓時停下踏進門的腳步，狠狠地瞪著雲芳。

「怎麼了？我有說錯嗎？還是你只是回來拿換洗衣物？」雲芳繼續譏諷。

志浩不語，雙手緊握，明顯地壓抑著自己的情緒，然後轉身離開。

雲菲蹙眉轉頭瞟了姊姊一眼，隨之追到門邊，「姊夫！」

那男人身影略僵了一下，但還是決定邁步離開。

「姊姊，姊夫是提著行李回來的！妳究竟是希望他回來，還是不要回來啊？」雲菲焦急地回頭斥責雲芳。

雲芳驀地軟了身體，癱坐在地上痛哭失聲，「我不知道啊！不知道啊！」

「媽媽，是爸爸回來了嗎？」童童怯怯地問，剛才好像聽到爸爸的聲音了。

雲芳看到童童，不禁哭得更嚴重了。

雲菲嘆了口氣，蹲身抱起這個令人心疼的孩子。

這是一場不知該從哪裡補破網的婚姻。

四年後

三十五歲對女人來說，雖談不上歷經滄桑的年紀，卻已是活得較明白的年紀了。

她在飛機上鳥瞰臺灣，夜裡盞盞燈火彷彿歡迎著歸鄉的旅人。心頭五味雜陳，離婚四年，遠離家鄉兩年了。

往事歷歷。

那一年，她在建華的反對下，還是執意離開臺灣，心頭的愧疚和糾結，不是沒有。那天建華臉上千年不變的神情，終究在她提著行李踏出門檻的那一刻滑下淚水。這是她第一次深刻碰觸到建華的心，原來建華是不捨她的，彬彬有禮的背後，有著他壓抑的感情。可惜當時的她看不懂，也無法體會平淡的生活也是一種愛，直到那一刻，她突然有些懂他了。

「建華，我只去一年，請等我，幫我照顧小志。如果我不去，這件事將永遠成為我的執念，到年老時我會遺憾，也將無法安定的生活。」跨出門檻的腳步愈來愈艱難，但她還是想把話說清楚，為自己的婚姻和自由的拉鋸，搏鬥出些轉圜的空間。

可惜的是，建華沒有懂她。人總有叛逆的時刻，也需要叛逆，脫離原有軌跡去追求一種可能。那種可能不一定稱之為夢想，但卻是一種想要完成的執念。那樣的追求，不一定是為了安逸，或為了成功，而是為了成長，或者說孕育人心的自由。然而，叛逆同時需要很多的自由。

很顯然，建華沒有給，不是不願意，而是錯過。我們都太習慣用自己的理解和價值，判斷別人的行為，因此建華把她的離開，當做拋棄，不愛了。每件事都有很多面向，就像海邊的岩石，有磨礪後的平緩，也有尖峭的一角，而他把最尖銳的面朝著自己，自是傷痕累累。因此兩人的婚姻開始分裂了，這是她多年後才想明白的事。

從紐西蘭回來後，建華始終沉默，沒有一句責罵，嚴格說，他不曾罵過她，依然如往昔的規律生活，但兩人的關係更陌生了。住在同一個屋簷下，就像陌生人在飯館裡被迫併桌一樣，既冷漠又尷尬。孩子雖然一開始有些疏離，但很快地就熟稔，甚至比以往更親暱。因為她變得很愛笑，總在睡前拿著紐西蘭經歷，當床邊故事，孩子非常熱愛睡前時刻，於是小志又從建華的床上搬到她的床上了。

「妳別帶壞小志。」這是她回國後一年，建華對她說的話。當時她愣住，看來回國後嘗試了一年的婚姻生活，建華還是不能諒解。她很清楚不該蹉跎兩人的幸福，她知道建華在等她開口，打破這個僵局。雖然，即便她到了紐西蘭，汗水淋漓地採收著奇異果時，她也不曾遺忘在臺灣的父子倆；縱使望著一片如夢中的草原，她也不曾有一絲一毫放棄婚姻的念頭。但建華的反應讓她知道，她該放手了，所以她走到律師事務所。

那一天走進律師樓，律師看到她，第一句話竟是她姊姊的事。

「我記得妳，咦？妳姊姊離婚訴訟打贏了，妳知道嗎？」

她搖搖頭。她和姊姊並沒有時常聯絡，應該說兩人幾乎不提姊夫的事。兩姊妹對這件事有不同的看法，雲芳很氣憤她沒站在自己這邊，雖然她不斷解釋這不是在論是非，而是解決問題，但雲芳聽不進去，這一點，建華和雲芳很相像，他們都很偏執，只是表達方式不同而已。

「雲芳的丈夫吳志浩以分居為理由提起離婚訴訟，被法院駁回，後來又上訴，但二審法院還是駁回吳志浩的離婚請求。」律師概略的說明雲芳的狀況。

「那恭喜她了。」她笑了一笑，如果這是姊姊要的，那真的要恭喜了。只是那又如何？姊夫就會回頭嗎？花上大半輩子守住這種婚姻有意思嗎？贏了也是輸。

「律師，這一次是我想離婚，我希望委託律師代擬離婚協議書。」她很平靜地告訴律師想法。

「為什麼要離婚？」律師不解地詢問。

雖然她認為沒有必要深究離婚原因，但知道這個律師的個性，所以她就像說別人的故事一樣，把婚姻的事全說清楚。

律師停了半晌不說話，似乎在思索著用語，最後總結出一句，「你先生會答應離婚嗎？」

她點點頭，「我認為他會答應。」

律師好奇地詢問，「他沒有怨嗎？一般人會因為不甘心而不願意離婚。」

「我不知道他有沒有怨，但我願意放棄所有，包括小孩監護權。」她很淡定的說。

「包括剩餘財產分配請求權嗎？你們住的房子不是婚後買的嗎？」律師有點詫異地問。

「那房子是我們婚後買的，婆婆也有資助部分的價金，所以房子登記在我先生的名下。而這幾年我沒有積蓄，出國已經花光我的存款了。他有多少財產，我不知道，但這些都不重要，因為我願意放棄所有。」做出這個決定，讓她心情輕鬆不少。

「所謂剩餘財產，是指夫妻雙方婚後財產扣除婚後債務的剩餘財產差額，婚後剩餘財產比較少的一方可以向多的一方請求差額的一半，例如那房子扣除債務後價值五百萬元，而妳沒有財產，那麼妳可以請求二百五十萬元。」律師擔心她不懂法律意義，所以還是解釋清楚，確認她的決定。

她含笑地打斷律師的說明。「律師，姊姊來諮詢時，妳已經解釋過了，我已經學會法律常識了，不用擔心，我就是放棄所有，小孩監護權和財產。」

於是律師擬了一份離婚協議書，並主動幫她設計探視孩子的時間，雖然她不認為建華會阻止她探視小志，但世事多變，誰知建華是否會再婚及他的妻子會如何反應，先落下白紙黑字總是好。

晚上十一點，如同那天她告訴建華出國決定的那一天，她走到建華房門前，敲著門，不同的是，這次她內心沒有忐忑。沒有擔心失去的時候，當然就沒有忐忑不安的時刻。

當他開門的那一刻，她像似背好了稿子般流暢且不嚼螺絲地說：「這是離婚協議書，我放棄監護權和財產。今天我問過律師，我們簽字，再找兩名證人簽名，到戶政事務所辦理離婚登記就可以了。」

建華表情略起波瀾，目光灼灼地望著她，而她心頭竟湧出一絲期盼，希望發生什麼都好，即便吵架都好過這種冰冷的關係。

但建華的表情，只花了一分鐘就回到平淡。有人就是不擅長吵架，他很快地低下頭，拿著離婚協議書便想關起門。她陡然的氣餒，罷了。「這週五，我是說這週五如果你有空，我會請兩名證人，我們就直接約在戶政事務所。你記得帶戶口名簿和身分證就可以了。」

辦好離婚手續的那天，她再度提著行李跨出門檻，這一天，出奇地，出嫁的小姑罕見的回來。小姑和他們家沒什麼交集，所以看到小姑前來，讓她有些訝異，但那只停留幾秒，因為以後再也沒有任何親戚關係了，所以來了又如何。除了在幼稚園的小志，婆婆和小姑都站在建華身邊，彷彿監控著她確定離家，或者控制著建華任何挽留的言行。大家都不發一語，連特地趕來送行的小姑都沒多說。走出家門的那一刻，她遲疑地向婆婆和建華致意，「謝謝你們這幾年的照顧，小志就拜託你們了。」但建華始終低頭不語。

她永遠離開了那個家，那個婚姻了。

她相信彼此都還有情，只是那又如何？路還是走到這裡，她以為那男人像是抓住風箏的那一頭，離得再遠，也會是她的歸宿。這種感覺是她在紐西蘭望著蔚藍天空才生出的深刻體悟，她沒告訴過建華，但也不需要了。

後來她在外租了房子，留在臺灣工作，兩年後以曾有的文創工作背景，再度向紐西蘭申請長期的工作簽證，一去就是兩個年頭。意外地，這兩年她和建華兩人為了小志的事，在網路上聯絡得非常頻繁。建華在網路世界裡的表達，遠比現實社會還勇敢，他甚至分享著感情生活，他們變成非常好的朋友。

在網路上，他說公司來了新同事惠珍，經常買早餐給他，問她這是否就是女生喜歡男生的意思。她無法判斷，於是兩人開始討論關於惠珍的點滴，共同討論測試惠珍心意的方法，例如找藉口請那女生幫忙公事，觀察那女生是否表現的很積極，甚至願意犧牲下班的時間幫忙他，後來證實惠珍真喜歡這個木頭了。是了，她後來在網路上都暱稱建華為「木頭」。她笑他是顆捂不熱的石頭，也是不解風情的木頭。他們輕鬆地聊天，只是都迴避了兩人離婚的那一年。

不過，他很困擾如何讓惠珍知道他是一個已經離婚，而且還有小孩的男人。她建議木頭不妨在惠珍面前和小志講電話，通常女人就會好奇的問起，藉這個機會向惠珍說自己的背景。甚至建議他把自己和小志說的可憐一點，激發惠珍的母愛。當時木頭竟然還回她：「那怎麼好意思，這樣會毀了妳的名聲。」想到這裡，不禁莞爾，這個木頭其實挺可愛的，她又不是什麼了不得的人，要形象做什麼。

有一天，木頭說媽媽也就她的前婆婆年紀大了，管不動已經上小學一年級的小志，而最近公司有到大陸設廠的準備，他愈來愈忙了，這陣子常跑大陸，年底公司將有一波人事調動，不知是否會把他外派大陸，很擔心小志，所以考慮和惠珍結婚，讓惠珍分擔媽媽的家務。為了這個理由結婚，她不是很贊成，但繼之想到木頭或許擔心她的感受，才用這個理由委婉告地訴她再婚的決定，這是木頭表達貼心的方式，婚姻中的她不懂，但現在卻是清楚看懂木頭表達感情的方法。

為了木頭，這次特地請了一個月長假，來到臺灣參加他的婚禮，順便幫忙帶小志。他和媽媽為了張羅婚禮，還有蜜月旅行，應該是沒法帶小志，於是請她回臺照顧小志。木頭打算婚禮後三天就到日本蜜月旅行，她笑著說以前她都沒有這種待遇，只是到南部玩個幾天充數，她才會一天到晚想到國外生活。木頭笑了，他說：「我嚇到了，所以惠珍想出國，我哪有膽再拒絕，還好這次是我陪她去。」聽到木頭的回覆，她的心裡還是泛起微酸微澀的感受，只是沒說出來。

「小姐，請拉回椅背並繫上安全帶，飛機即將降落了。謝謝。」空中小姐微笑提醒。

「喔，抱歉。」雲菲這才從自己的回憶裡醒來。

睽違兩年的家鄉，踏上的那一刻，是無法形容的喜悅。

再婚的挑戰

「抱歉，請問妳們這裡有消毒水和繃帶嗎？」一個男人突然走進新娘房，焦急地對著屋內女人詢問。

所有正在八卦的女人戛然停止對話。

「你要繃帶做什麼？」惠珍先回過神來問著神情明顯焦慮的男人。

「沒關係啦！你去忙，現在很多賓客都來了，我先用衛生紙止血就好了。」一個身著印花洋裝的女人隨著男人也走進新娘房。

除了美雲外，所有原來八卦的女人全愣住了。

「這怎麼行？萬一感染了怎麼辦，妳就是不會照顧自己身體。」那男人皺眉喝斥那女人。

「我這邊有。」美雲從行李箱裡取出一些外傷藥物，遞給那男人。她不知道這對男女是誰，但看來像是一對夫妻，只是這男人穿著西裝，猜測是招待或伴郎吧。

這男人拿著醮過酒精的棉花棒，低頭細心地擦拭著女人受傷的手指。「怎麼這麼不小心，下個計程車也會夾到手。」男人輕聲斥責，語氣間盡是親暱和關心，那女人連聲道歉並尷尬地看著屋內的女人。

一屋子的女人沉默地轉頭看著臉色漸青的新娘，包括美雲。

「媽媽！」小男孩彷彿感受到屋內氣氛的不同，抬頭看狀況，一眼看到那女人，便開心地爬起來，偎在那女人身邊。

「嗳！小志！」雲菲看到孩子也開地的忘了尷尬。

「你這幾天就跟著媽媽，不要打太多電動遊戲，老師說你的視力又加深了。」建華囑咐著小志。

「視力加深？給醫生檢查過了嗎？會不會是假性近視。」雲菲開始和建華討論起小志視力的事。

三人旁若無人地討論事情。

美雲發愣地望著這家人互動，原來這女人就是被討論了兩個小時的壞女人啊！有趣了，似乎與剛才的版本不同。

「哥哥！」曉玲焦急地喊著那男人。

建華轉頭看著曉玲，曉玲瞟了惠珍一眼，「嫂子還在化妝。」她特地用語氣強調嫂子的稱謂。

建華沒有發現惠珍的情緒已是山雨欲來風滿樓的態勢，恬淡地回答：「我知道啊。」

但雲菲看懂了，趕緊拉著小志離開。「木頭，你忙，別擔心小志，我會照顧好。」她轉頭向美雲稱謝，並把外傷藥物還給美雲。

美雲眼眸間含著興味地看著她，雲菲和她會心一笑，她們都看懂了這狀況。如果兩人再繼續互動，雲菲也許就會看到美雲耳際間的飛鳥刺青。

關上門時還傳來兄妹倆的對話。

「哥哥，江小姐的老公沒來啊？」

「什麼老公？」

「你不是說她嫁給一個紐西蘭籍的男人嗎？」

「別胡說，我什麼時候說過？」

雲菲聽到後笑了笑，看來木頭這場婚姻還是不好過。

在我接觸到真實案例中的雲菲時，就一直想寫關於她的故事。

當我問她，「如讓妳再選擇一次，妳會出國嗎？」

那女孩漸起氤氳的眼眸，依然毫不遲疑地點頭，我還是不死心地問：

「即便現在妳已經知道可能導致離婚，還是會出國？」

即便那片氤氳已凝結成淚水滑落，她依然堅定的點頭。

這讓我思索著一件事—

那就是關於愛情及婚姻裡自由的事。

愛情、婚姻裡自由的省思

印度大師奧修曾經說過：沒有自由，愛就會死掉。這相當突破主流或集體意識中對愛情的想像，某種程度我認同奧修大師這句話，至少雲芳的故事，讓我看到扼殺了自由，就等於扼殺了愛人和被愛的力量。

只是要有多少的自由？

婚姻裡的自由界線

記得一位反對婚姻制度的友人問我：「妳敢不敢對另一半說，我允許你對我不忠誠？」我搖搖頭。他繼續解釋：「當妳告訴另一半可以對妳不忠誠時，你們的愛才會自由、互相分享，而不是依賴，反而不會有愛情不忠誠的事。」

我依然搖頭，因為那不是我的愛情觀。其實我不太想繼續討論這舌尖上的愛情觀，因為愛就是選擇，沒什麼對錯，也沒什麼高低貴賤、通俗或時尚的論辯。但我還是想說清楚，關於愛情婚姻和自由的界線。

當我朗讀席慕蓉的詩〈一棵開花的樹〉，她說：「如何讓你遇見我，為這最美麗的時刻，為這，我已在佛前，求了五百年，求祂讓我們結一段塵緣。」當為這段纏綿悱惻、令人動容的愛情而喝采時，我可無法想像對伴侶說：「嘿！我允許你對我不忠誠。」這似乎瀟灑得有些矯情了。

即便我讀現代詩人舒婷的〈致橡樹〉，她說：「如果我愛你——絕不學癡情的鳥兒，為綠蔭重複單調的歌曲……我必須是你近旁的一株木棉，做為樹的形象和你站在一起。根，緊握在地下，葉，相觸在雲裡。每一陣風過，我們都互相致意……」強調著伴侶間平等的夥伴關係，我依然無法想像對伴侶說：「嘿！我允許你對我不忠誠。」

當然，也有人選擇不同的愛情觀。

在一場性別研究所的演講中，曾有位來自中國的女性研究生詢問：「外遇為什麼是婚姻殺手？」

我好奇地反問：「很多的離婚案例告訴我們，遭逢外遇的婚姻幾乎都離婚，被背叛的妻子陷入永無止境的悲傷，如果是妳，難道不會嗎？」

她說：「愛情本身並不會設定條件，既然當初未要求他只能愛我一人的前提下，才開始有了愛情，為什麼他同時愛上別人，我就不再愛他？」

我再次確認：「所以妳能接受多元的伴侶及性關係？」

她點頭，並說：「愛情是自由，不是拿來綁架或勒索對方的工具，只要我們還有愛情，就不會因為他外遇，停止愛情或放棄婚姻，並且繼續享受彼此的愛情。」

至少對她而言，外遇不會改變愛情。甚至音樂大師李宗盛的〈懷珠〉這首歌詞裡提到：「她的愛讓人飛，她的愛讓人無畏，敢冷眼對如劍的嘴，不肯認誰在出軌，碰了誰不會，不是嗎？偷來的才是寶貝，這千真萬確的愛，為何是旁人眼中的罪？」這段詞似乎也吶喊著愛要自由，不該過度用「罪」譴責不忠誠這件事。

但無論愛情哲學怎麼談，從法律角度看，法律不規範愛情的事。但對於婚姻，規範兩人在一對一的關係裡，具有獨占和排他的特質，所以法律對婚姻制度規定了重婚罪、通姦罪和侵害配偶權，這就是婚姻裡的自由界線。

婚姻裡必須交換的自由

在婚姻裡除了自由界線之外，還需要交換多少自由？也就是把自己的自由交給對方，但也同時藉此取得對方給自己掌控他的自由，是一種互相容忍、妥協和配合的關係。

從法律的角度，有幾件事就是互相交換的自由，例如夫妻有履行同居義務、互有扶養權利及義務，夫妻為對方的日常生活代理權，例如代領信件等。此外，夫妻依經濟能力、家事勞動及其他情形分擔家庭生活費用，對於婚後財產有報告的義務。所以，這年代已不是嫁給一個老公就是找到長期飯票的想法，也不是嫁雞隨雞、嫁狗隨狗的觀念，不是嫁到夫家就一定以夫家住居所地為住居所地，雙方可以協議共同生活地……在這些事情上，雙方都必須互相容忍、妥協和配合。

除此之外，還是提醒，現在法律規定的「法定財產制」，也就是雙方沒有特別約定夫妻財產制時，就適用「法定財產制」，夫妻財產是各自管理、使用、收益及處分，債務也各自負擔，結婚是「結人不結財」。

所以，女人別太理直氣壯的要求丈夫把財產交給妳管理使用、收益及處分，再撥付零用金給丈夫。但當丈夫願意把財產交給妳，這確實已超過法律要求他的義務，也意味著那是他愛妳、信任妳的方式了，那可是比九百九十九朵玫瑰花或幾句甜言蜜語的表達，還更真切的愛。

但相同地，當妳甘為家庭主婦，不可能在職場上累積個人資產時，男人可要清楚看到，你的妻子多麼信任你對婚姻的忠誠，甚至包括信任你的愛情，不會讓她日後失去事業競爭力而無生產力時，既失去了愛情，也會同時淪為一無所有的狀況。如此孤注一擲，這般愛的表達，絕對不亞於「天地合，乃敢與君絕」的浪漫。

很多女性朋友質疑法律保護婚姻有多少？外遇比例還不是這麼高？如雲芳在律師事務所的抱怨。是的，即便臺灣還保有通姦罪，但小三、小王依然歷久不衰，所以坊間出現很多偏方，教導如何掌控另一半的行蹤和財產，諸如雲芳控制老公的行蹤方式，是監控穿著、行蹤、郵件和社群網站的密碼等；而男人控制的動機，更多是為了彰顯自己在家中的權威和地位，手段千奇百怪。也許大家覺得這沒什麼大不了，只是街頭巷尾互為傳授的話題罷了，但我卻必須提醒「高壓控管」的家暴概念。

婚姻裡被剝奪的自由

婚姻最令人恐懼、傷害最深的並不是某次的肢體傷害，而是另一半千奇百怪的生活控管，剝奪對方生活的自由。

前年現代婦女基金會曾就八個案例訪談分析。在一次訪談中，一名已經年逾半百的女性朋友談到，她的先生在吃飯時一定要一盤炒花生，要求她和孩子必須一起吃炒花生。她曾經拒絕，但先生說不肯吃就是瞧不起他，強迫孩子把花生放在她的碗裡，孩子拒絕，先生就憤怒的命令孩子到屋外罰站。

另一名女性朋友則提到遭到先生不斷的監控，用英文字母代號記錄著她所有的作息，包括開門和關門的時間，甚至有一次半夜起來看到先生蹲在床邊對著她傻笑，還清點她的內衣褲更換狀況，包括垃圾桶裡的衛生紙或衛生棉。

一名女性朋友則提到自己被規定煮飯水不能超過多少刻度，有次她沒算好，先生瞥了她一眼，她知道被老公發現了，便到外面罰跪。還有一名女性朋友委屈地提到，婚姻幾十年來盡心盡力照顧家庭，甚至家中的窗簾、沙發套都是她親手縫製，但依然被先生嫌棄是個懶惰的女人，是個沒有說話權利的「廢物」。

這些女性朋友的婚姻平均長達十幾年，她們沒有被毆打，但幾乎失去自我，無法喘息，她們有著共通經驗：被監控生活、被監控貞操、遭到另一半塑造為「有問題的人」、被洗腦的相信自己真的是有問題的人，且遭到隔離人際網絡。她們長期被嫌棄、貶抑及歸咎，甚至內化為自我價值的標準和規訓。先生藉由傳統的性別刻板意識強化她是個糟糕的妻子或母親，讓她們被規訓地自動接受另一半的懲罰。就如同一名女性朋友形容：「先生是家裡的王」、「自己就像一隻狗，只要先生說什麼，就必須馬上回應，深怕一怠慢又招來先生的責難。」

這些隱微的暴力，形成高壓控管，讓她們喪失自我。對她們而言，能自由的看書、穿著、吃飯和外出，是多麼簡單卻又是如此遙不可及的夢想，就如其中一名女性朋友形容那段婚姻「生命彷彿進入冬眠」。

簡單說，控制且剝奪另一半生活必需品的取得，例如錢、食物、睡眠、性、居所、交通工具、如廁、洗澡、外界溝通、生活必需的關懷照顧，並且在日常生活微型控管，管理對方與家務、性別角色有關的所有行為，什麼都管，剝奪做為一個人或公民所需的資源，這就是高壓控管的微隱暴力。

真的別這樣對待我們所愛或愛我們的人，那會讓愛遠離；剝奪對方的自由，一點都無關乎愛，所以也別以愛之名做得理直氣壯。

婚姻裡妳可以有的追夢自由

不過，雲菲要求的自由，可是拋家棄子的出國，這已不是前面所提的生活上小事了，那是追夢的自由。

雲菲說：「如果我不去，這件事將永遠成為我的執念，到年老時我會遺憾，也將無法安定的生活。」

不知妳是否曾有過像雲菲一樣的感受？雲菲的話讓我想起電影《麥迪遜之橋》，女主角法蘭西斯卡是個家庭主婦，她總無怨無悔地照顧這個家，有一年她遇見一名國家地理雜誌的攝影師羅勃，他代表著另一種人生，四處旅遊，以改變為生活原則，也是法蘭西斯卡少女時代所憧憬的生活。她和羅勃互相傾慕，羅勃希望帶她走，她面臨了艱鉅的選擇，究竟是留下還是隨著羅勃離開。

她拒絕了羅勃，當羅勃離開小鎮的時候，故意把車開在她老公理查車子的前方，在等待紅綠燈之際，羅勃把法蘭西斯卡的項鍊掛在後照鏡，提醒她把握最後機會，換車並選擇自己的人生。當時梅莉史翠普飾演的法蘭西斯卡緊握車把，幾乎想下車卻又鬆手，淚眼望著羅勃車子遠離的一幕，至今回想仍讓人蕩氣迴腸。

最後她選擇留下並繼續過著原來的人生，臨終前她在寫給兒女的信中提到：「不知道我選擇留下，家人有沒有感受到這選擇背後的美好？」淡淡的一句話，卻迴盪出濃得化不開的悲傷。

所以當雲菲說：「如果我不去，這件事將永遠成為我的執念，到年老時我會遺憾，也將無法安定的生活。」我腦海裡便想到法蘭西斯卡遺言交代兒女把她的骨灰葬在麥迪遜鎮上的洛士蒙橋，那是她和羅勃初識的地方。

電影用兩個男人代表著法蘭西斯卡的人生抉擇，選擇停留在現在規律的安定生活，但為別人活，還是隨著羅勃過著居無定所、充滿變數但為自己活的人生。相同地，雲菲也是面臨這兩種人生的選擇，而她選擇了後者。對於這樣的選擇，我們能過於苛責嗎？

我想她的留下，不一定得到家人的感謝，但她的離開，必然遭到家人的譴責。我曾經問過一些已婚女律師，倘若妳們有出國深造機會，是否會因無法照顧丈夫孩子而放棄，或者說夫家反對而做罷。她們幾乎毫不遲疑地點頭。我微笑點頭說：「真是好女人。」但我又提出一個問題，「丈夫如果要出國深造或工作，妳們會拒絕嗎？」她們幾乎都回應，「支持他出國，如果可能，盡可能規畫全家一起出國。」但男人是否也願意在妻子追夢時給予相同的對待和支持呢？這就是性別差異了。

如果夫妻都願意互相支持和鼓勵另一半追夢的自由，這應該有助於更健康、分享成長及幸福的伴侶關係。

讓愛自由、讓愛飛翔

每個人都渴慕著自由，也許在人我關係裡，我們隨著歲月的洗鍊而學習不任性，但不曾遺忘過自由的滋味。

我們因為所愛的人願意交換出自由，但那是願意，不是被強迫，那個願意，也是自由。就像倦鳥歸林，無論在天空飛翔、在樹梢間跳躍的自由自在，或回家的歸屬感，都是無可取代的幸福，任誰都不願當個被強迫關在籠裡的囚鳥，漸漸失去飛翔的能力。

我們似乎經常為了守住愛而不自覺地控制伴侶，用很多冠冕堂皇的理由剝奪對方的自由，遺忘了支持、欣賞和鼓勵伴侶的愛人能力，以致婚姻裡的幸福感逐漸遠離。

因為擔心失去愛，就想綑綁愛情，如同看到美麗的花，就忍不住攀折，聽見美妙的鳥聲，不由自主的就想用鳥籠囚禁，這是發自本能的恐懼使然。所以我們只能時時刻刻提醒自己，讓愛呼吸、讓愛自由、讓愛飛翔如晨間穿梭在陽光樹梢間的小鳥，清脆喜悅的啾啾聲恰似幸福的風鈴聲。

愛不能只是守候，而是要讓愛存在，而剝奪自由並不會讓愛存在。

關於家暴、外遇和離婚，你該知道的法律

這篇故事提到了家暴、外遇和離婚，我想簡單傳遞幾個法律常識。

家庭暴力

家庭暴力，指家庭成員間實施身體、精神或經濟上之騷擾、控制、脅迫或其他不法侵害行為。

所謂家庭成員，包括下列各員及其未成年子女：配偶或前配偶、現有或曾有同居關係、家長家屬或家屬間關係者、現為或曾為直系血親或直系姻親、現為或曾為四親等以內之旁系血親或旁系姻親。

此外，二〇一五年修正家庭暴力防治法，也將被害人年滿十六歲，遭受現有或曾有親密關係的未同居伴侶施以身體或精神上不法侵害情形，也準用了被害者保護相關措施，並在次年施行。所謂親密關係伴侶，指雙方以情感或性行為為基礎，發展親密的社會互動關係。

由於家庭暴力防治是採取通報系統，通報單位包括醫事人員、社會工作人員、教育人員、保育人員、警察人員、移民業務人員及其他執行家庭暴力防治人員，在執行職務時知有疑似家庭暴力，應立即通報當地主管機關，最遲不得超過二十四小時。所以雲芳到醫院驗傷時，醫院立即通報家庭暴力防治中心。

通報家庭暴力後，並不一定就進入司法程序，各地方政府家庭暴力防治中心會依情形以電話或家庭訪談，初步評估急迫性和危險性，也會提供輔導或轉介相關資源，例如庇護所或生活緊急補助款、訴訟輔導或就業輔導等。

聲請保護令

如果有必要，被害者也可以向法院聲請民事程序保護令，例如禁止侵害令、禁止跟蹤、騷擾保護令、遠離令、遷出令、禁止使用、出租、處分不動產令、交付物品令、未成年子女暫時監護權令、未成年子女會面交往令、支付租金或扶養費令、支付醫療費、輔導費或庇護所費用、其他財物損害費用令、支付律師費令、加害人處遇令、禁止查閱相關資訊令及其他保護令等。

保護令可分做緊急保護令、暫時保護令及通常保護令。

●緊急保護令

緊急保護令只限於機關聲請，如被害人有受家庭暴力的急迫危險者，檢察官、警察機關或直轄市、縣（市）主管機關，得以言詞、電信傳真或其他科技設備傳送方式聲請緊急保護令，並得於夜間或休息日聲請。法院受理後認為有核發必要者，應於四小時內核發。

●暫時保護令

被害者聲請民事程序保護令時，可先聲請暫時保護令。暫時保護令的內容沒有通常保護令內容多，但因法院審理通常保護令時間較長，所以倘若被害者擔心在法院尚未核發通常保護令前有相當危險性者，可以先聲請暫時保護令。實務上通常會先核發禁止侵害令，以維護人身安全為優先。

●通常保護令

暫時保護令核發後，法院會直接進入通常保護令程序。如法院核准通常保護令，一經核發即為生效，原有暫時保護令失效。二〇一五年修法後，通常保護令的有效期間已延長為兩年。在通常保護令失效前，可以聲請撤銷、變更或延長，每次延長期間為兩年以下。

保護令核發的標準，除了有家庭暴力的行為外，還必須符合核發的必要性，實務上通常審酌家庭暴力行為是否有繼續發生危險做為必要性的判斷。例如，雲芳和志浩間因為外遇事件而發生衝突，雖有受傷的事實，但是否有繼續發生的危險，即核發的必要性，就見仁見智了。近期國外學者提出高壓控管的家庭暴力論點，把家庭暴力分做伴侶攻擊、伴侶打架和高壓控管，他認為在家庭暴力防治有限的資源，應該以剝奪隱私和自由的高壓控管類型為主要服務對象。所以類似雲芳的伴侶單一事件衝突，是否需要公權力介入而核發保護令，可能就有不同的觀點。

外遇

關於外遇的法律，故事中的律師已經說明的很清楚，但在撰寫本篇文章時，南韓通姦罪最重可判刑兩年。南韓憲法法院二〇一五年二月二十六日宣布，刑法第二四一條通姦罪違憲，廢止自一九五三年起實施的相關法例，正式通姦除罪化。臺灣是否通姦除罪，還需觀察。

離婚

至於離婚的法律，分做幾部分說明。離婚的方式，分做協議離婚、法院調解離婚及法院裁判離婚。

●協議離婚

協議離婚的方式，必須符合三個條件：書面、雙方及兩位親見親聞的證人簽名，以及雙方親自到戶政事務所辦理離婚登記。

●法院調解離婚

法院調解離婚的方式，即當事人任一方得向法院聲請調解離婚，由法院調解員協助雙方協商離婚條件，在簽定離婚調解筆錄完成時，離婚即為生效。法院製作完成調解筆錄時，會郵寄送達給雙方，雙方可單方自行持調解書到戶政事務所辦理離婚登記即可。

●法院裁判離婚

法院裁判離婚的情況較為複雜，法律規範夫妻一方如有符合《民法》第一〇五二條規定的十種情形之一，諸如重婚、與配偶以外的人合意性行為、不堪同居虐待、對他方的父母或小孩等直系親屬有不堪同居的虐待行為，或一方的父母等直系親屬對他方為不堪同居虐待、惡意遺棄、重大不治的精神疾病、夫妻一方意圖殺害對方、不治的惡疾、生死不明逾三年、故意犯罪被判處有期徒刑逾六個月確定者，或者有前述以外的重大事由，而難以維持婚姻者，這些，另一方都可以當做向法院訴請離婚的理由。

目前有立法委員提出分居離婚的修正草案，也就是分居三年可以做為離婚理由，但並未通過。不過，實務上多數以長期分居做為婚姻破綻重大事由訴請離婚。但這項離婚理由，必須由無過失或過失比較輕的一方才可以提出，因此志浩以分居的理由提出離婚，但志浩是離家的人，且無正當理由，是過錯的一方，因此法院才會駁回志浩離婚請求。

離婚條件，在法律上要思考的情形包括，雙方有無離婚真意，未滿二十歲未成年子女的監護權、探視權、扶養費，及財產上的約定。關於孩子的部分，請參閱《麒麟花》的法律說明，所謂財產上約定，指的是財產分配及精神賠償。

夫妻財產制

目前法律規定夫妻財產制，分做「法定財產制」及「約定財產制」。所謂約定財產制，有分別財產制及共同財產制，多數人都沒有特別約定夫妻財產制，所以多採用法定財產制。

法定財產制，是指夫妻各自保有財產的管理、使用、收益及處分權，在離婚時，則有剩餘財產差額請求權，也就是夫妻婚後剩餘財產的結算。所稱剩餘財產，僅限於婚後，婚前不納入財產計算。結算時間點為離婚日，倘若裁判離婚，就用離婚起訴狀遞到法院的那一天做結算點。至於財產範圍，不包括繼承、贈與、慰撫金或其他沒有對價取得的財產，並且以結算日現存的財產計算。

剩餘財產差額請求權，就是結算日現有的婚後財產扣除婚後債務所剩餘財產，計算夫妻雙方剩餘財產差額，由剩餘財產多的一方支付少的一方差額的一半；如果一半顯失公平，例如對方對於財產的增加根本沒有貢獻，那麼法院可以調整或免除分配額。這點不妨參考故事中律師對雲菲的舉例說明。

不過，記得剩餘財產差額請求權，自請求權人知道有剩餘財產之差額時起，兩年間不行使就消滅，或自法定財產制關係消滅時起，逾五年就消滅。

但如夫妻一方脫產，該如何處理？

依法律規定夫或妻為減少他方對於剩餘財產分配，而於法定財產制關係消滅前五年內處分婚後財產者，應將該財產追加計算，視為現存之婚後財產。但為履行道德上義務的贈與，例如贈與給小孩教育基金等情形，就無須追加計算為剩餘財產。

4

紫色風信子——悲傷嫉妒

風信子，為百合科風信子，屬多年生草本，具卵形地下鱗莖，
頂生總狀花序，花呈漏斗形，橫向下垂綻放，
花色有紅、白、紫、藍紫、黃等，不同顏色有不同花語，
如紫色風信子花語是悲傷嫉妒；又因栽種過程，
在花謝時需剪除奄奄一息的花朵和花莖，讓球根在冬天休眠，
等待春天萌芽開花，所以風信子花語也代表著重生的愛。
愛情總有花開花謝時，盛開綻放剎那，最是美麗，
縱然如此，也無法避免遭到風雨摧殘或是逐漸凋零的悲傷時刻，
這不僅是愛情，也是人生。我們只能學習在雨中翩翩起舞。
與讀者分享這則關於愛、婚姻與悲傷嫉妒的故事。

美雲低頭收拾新娘彩妝工具，猶然瞥見地上投影出這對男女交頸相擁，喃喃地互訴衷情，還不時傳出女子的嬌笑聲。

好一對恩愛的準新人，像對雙生子，一刻也不能分離似的。美雲嘴角微揚，收拾好行李，轉身向這對新人欠身致意後，便準備離開。

新娘房大門陡然被一名黑衣人打開，美雲錯愕，那對準新人也是。

一名六十幾歲的老太太慢慢走進新娘房，兩名黑衣人佇立身旁。

老太太眼神銳利，緊緊鎖住準新郎，男人臉色大變，女人神情驚惶地扯著男人的手臂。

「媽，妳來做什麼？」男人臉色鐵青，沉聲地問老太太。

「怎麼了？我兒子結婚，當媽的不能來嗎？」老太太撇嘴，緩緩坐在沙發上，並以眼神示意黑衣人守在房門口。

她望著那女人，譏笑地說：「我的媳婦真有本事，拐著我兒子結婚，不要我這個媽了，連婚禮都不通知我，我真有個好親家、好媳婦啊。」

女人向前一步正準備解釋時，「安君，別理她！」男人便阻止了她。

老太太笑了。「我說志文，不讓媳婦跟我說話，不會是因為你沒有告訴媳婦你前妻的事吧？」

女人驚訝地看著男人，男人臉色鐵青、緊抿著雙唇不語。

「志文，這就是你不對了。有前妻和小孩的事，怎麼可以瞞著親家呢？」老太太笑看著兒子氣到渾身發抖，她撇撇嘴，又轉頭對著女人說：「我這兒子歷屆的女友各個貌美如花，前妻更是漂亮，如果妳有興趣，可以來找我，我可以提供所有的資訊。」

她扶著沙發把手慢慢起身，黑衣人邁步向前輕托老太太手肘，走到大門邊。

「我今天來，只是要告訴你，我已解任你在公司的總經理職務了，原因是你曠職太久，你也不用回來上班了，我想你岳父母會幫你安排更好的工作。」老太太冷笑地說，便在黑衣人的扶持下離開了新娘房。

美雲轉頭看著這對渾身僵直、神色不定的男人和那掩面哭泣的女人，嘆了口氣，她這個局外人便拉著行李離開，耳邊隨即傳來哭啼和吶喊聲，「你說清楚！你怎麼可以這樣對我！」「我不是故意的……」

那個前妻，蘇筱晨，二十八歲結婚，三十一歲離婚，生有一女。

婆媳初過招

二〇〇五・十二・一〇〈女人話，幸福說〉部落格

我和深愛的男人步入禮堂了。

我真是幸運，他是如此迷人，一個像陽光的大男孩、一個總愛笑的大男孩。當

我凝望著陽光下的他，聽著那略帶磁性又爽朗的笑聲，望著深邃眼眸間蘊含的笑意，總想著這個男人真的屬於我嗎？

彷彿自己所有的美麗，就是為了遇見他。

他在家族企業工作，我也擁有自己的事業，我相信我們的婚姻會是對等關係。親愛的朋友，別擔心關於富二代那些負面標籤，如果你們看到我愛的男人，就會知道我多幸運，請看到我的幸運，並給我祝福。我愛你們。

請朋友放心，我不是夢幻的女人，充分明白婚姻有愛情沒有的課題，例如，因為這個男人而有了「姻親」。這是我的課題，也是所有已婚女人的課題。

「媽媽，這款項鍊很適合您。」一名身材高䠷的女人態度恭敬地對著嬌小的老太太說。她一頭烏黑亮麗的直髮高高豎起，完全展露五官的立體美，身著半邊綴著金色碎花黑色薄紗、半身湛藍、斜邊鑲著金色鈕釦的貼身洋裝，金色元素把她襯托的既時尚又瀰漫著神祕之美。

她的美讓人目不轉睛。她曾是名模，只是婚後淡出，自己經營時裝店。

老太太抿嘴，充耳不聞，隔著玻璃桌面往下指指另一條項鍊，要櫃姐取出讓她試戴。女人微怔，略顯尷尬，櫃姐同情地瞟了她一眼，便忙著低頭取出老太太指定款式的項鍊。

「妳覺得好看嗎？」女人聽到老太太的問句，趕快抬頭望著正盯著鏡子的老太太，試圖提供意見。

「我覺得很襯您的皮膚，您真是好眼光啊。」櫃姐諂媚地獻殷勤。

女人才發現老太太根本不是問她，而是問櫃姐的意見。她心裡揪地難過，婆婆要她陪著出來逛百貨公司，她不敢不從，這般徹底被漠視、潑冷水的做法，對一個向來習慣舞臺鎂光燈和掌聲的模特兒而言，最是聰明的打臉方式。但她不敢頂嘴，婆婆在家裡和公司的地位很崇高，她是家族公司主要負責人，公公雖是公司董事長，但所有公司董事席位幾乎由婆婆掌控，連公公都要禮讓婆婆三分。

「就選這條項鍊。」老太太斜睨了她一眼，她還沒回過神來，「妳不滿意這條項鍊嗎？」婆婆冷言問她。

她愣了一下，「沒有啊，這項鍊很適合媽媽。」櫃姐以眼神示意她結帳，她才會意過來，「喔，小姐，請幫我打包。」她連看標籤上的標價都不敢看，便從皮包裡挑出一張信用卡交給櫃姐。

老太太已慢慢踱步到另一個專櫃。「媽，我這邊結完帳就過去。」她討好地說，心裡懊惱自己剛才反應太慢，也不知婆婆怎麼想。

她簽帳單時，看到帳單上顯示才三千元，有些愣住，但也悄悄地呼了口氣，她以為不到六位數過不了關，看來婆婆還是心疼她的。

「媽，有沒有喜歡的包？」她笑吟吟地問。

原本逛著皮包專櫃的老太太，抬頭瞥了她一眼。「打電話叫老李把車子開過來了。」

她點頭稱是，便趕緊打給老李。「媽，老李說五分鐘就到了，我們現在搭電梯嗎？」老太太點頭，她立即跟隨在側。

「筱晨，妳已經不是模特兒了，現在是林家媳婦，穿著打扮要注意身分。」老太太淡淡地提醒媳婦。薑終究是老的辣，馬威下夠了，便開始了懷柔政策。

「是的，因我今天直接從店裡過來，下次我一定會注意。」筱晨順從的回應婆婆。

「我們可以像朋友，妳不用太拘謹，以後和志文發生什麼不愉快的事，都可以跟我說。你別看他一副好脾氣，脾氣拗起來，誰都拿他沒轍。」婆婆講到兒子，臉上線條突然變得柔和親切，像個閒話家常的老太太，變化之大，讓筱晨差點反應不過來。

筱晨趕緊點頭，緊隨著婆婆的每個步伐。

婆媳像朋友

二〇〇六・〇三・二〇〈女人話，幸福說〉部落格

眾人皆說婆媳是天敵，這句話就像魔咒，種在人的潛意識裡，隨著生活點滴中

運行。

這題該怎麼解？

有人逃得遠遠的，例如堅持不和公婆住，拒絕公婆介入小家庭，這樣就沒問題了嗎？

有人說婆媳要像母女，這未免太一廂情願，難度太高。母女間向來只有母親縱容寵愛女兒，女兒只有任性的分，怎可能期待婆婆像母親？還是倒過來，讓自己變成母親，讓婆婆成為女兒，由她任性，還比較有可能。

婆婆說，我們可以當朋友，這或許是很好的關係，我們都需要姊妹淘。

但公婆房內傳來摔東西爭執聲，我該走過去關心他們嗎？

如果我是婆婆的姊妹淘。

深夜，老太太孤伶伶地坐在客廳沙發上不語。

坐在偌大的客廳、大型深色皮製沙發裡，老太太身影更顯嬌小，直挺挺的身板，顯得蒼涼孤寂。尤其在那具垂下的水晶燈烘托下，讓人不禁聯想舞臺上失去掌聲的過氣舞者，濃妝豔抹地企圖遮去歲月痕跡，卻讓人更清晰地瞧見妝容下，因青春流逝的自卑與失落。

如果難過，大哭是很常見的場景；假如憤怒，不斷咆哮咒罵是最常見的發洩方式；

倘若不甘，那麼不斷怨天尤人、嫌惡的指責，也是合理的反應。

然而，老太太只是闔眼，不發一語，直挺挺地坐在沙發上。

「今天志文有打電話回來嗎？」老太太睜開疲憊的雙眼，淡淡地問那逐漸移步過來的身影。

筱晨原躊躇著該不該打擾婆婆，聽到婆婆問話，才快步走到沙發旁。「有的，剛剛才掛上電話，他說這次在美國出差很順利，要我跟媽媽說一聲。」

老太太點點頭，過了許久，久到讓筱晨猶豫著是否該離開，把這個空間讓給婆婆獨處。「對男人就是不能太縱容，絲毫不能鬆懈。」老太太嘆口氣，喃喃著這幾句話。

她轉頭看著筱晨，如此青春貌美，即便素顏，緊實光滑白皙的膚質，像剝殼的蛋似的，在澄黃的燈光下依然透著明亮。那雙如青蔥般的纖纖小手交疊在腿上，是個男人都想握住那般玉指，摟到懷裡呵護吧。她苦澀地抬起手，看著自己一雙手，花了一堆保養費，還不是透出淡淡老人斑、皺得像風乾橘子皮似的。如此對比，竟殘酷得令人難受。

「媽，發生什麼事？是不是爸做了什麼？」筱晨被婆婆看得渾身泛了疙瘩，趕緊打破這般打量的視線。

「男人就那點破事，能有什麼事？從年輕到老，已經數不清了。」老太太嘴角泛起苦澀，雖不說破，筱晨也猜出發生了什麼事。

「筱晨，打電話給張姐。」老太太闔眼交代筱晨打給公司財務長。

「現在？」已經淩晨一點多了，打給財務長？

老太太沉聲說，「張姐會接電話。」她若不即時處理，難吐這口氣，夜難眠。

筱晨趕緊點頭稱是，從室內電話撥給這個已經在公司服務多年的老財務長。果不其然，張姐在響了幾聲後便接起電話，電話那頭傳來含著睡意的嘟囔聲。「張姐，抱歉打擾您，老夫人找您。」筱晨說完便把聽筒交給婆婆。

「張姐，董事長最近如果要妳提款或匯款，全部拒絕。另外，別處理他的信用卡帳單。如果他有意見，叫他來找我。」老太太交代完就掛上電話。

「去睡吧。」老太太深吸一口氣，淡淡地對著筱晨說，便起身走回臥室。

筱晨怔怔地望著婆婆背影，擁有財富權勢的她，卻如此孤寂。

婚姻衝突

二〇〇六・〇七・二六〈女人話，幸福說〉部落格

> 我常想失去青春後的女人，如何找回自己的存在價值。
>
> 「老」只能是負債，不能是資產嗎？
>
> 失去青春，失去工作的動力，失去健康，失去魅力，失去做夢的能力，這些都是負債。

那什麼是資產？含飴弄孫，去做年輕時沒有時間做的事，過著閒雲野鶴的日子，這些應該都是資產吧。

但困難的是，失去是必然，資產卻未必有。含飴弄孫可遇不可求；去做年輕時沒有做過的事或過著閒雲野鶴的日子，那妳得要擁有身心健康的身體，並保有一些扣除醫療費用後的財富吧。

有老伴相陪，互相扶持，自然是好，但終有單身的時候，誰先走、後走，都沒有定數，又該如何在一個人的時候不感到孤寂呢？

我認為如何有尊嚴及品質的過著老年生活，是老年最重要的課題。

「志文，爸剛才打電話來，他要我把一些換季衣服寄到他住的地方，媽媽剛好去美容院染髮，等一下我會先回家一趟，趁媽媽不在的空檔，幫爸爸取幾件衣服，所以會晚些再過去餐廳。」筱晨正在店裡忙，原和志文約傍晚七點在餐廳和朋友聚會。

電話那頭沉默。

「志文？你還在線上嗎？」筱晨納悶地喚了幾聲。

「妳這樣做，已經做了幾次？妳幫他拿了多少東西？」半晌，志文沉聲地問。

「就幾次啊，爸爸離家後，就打給我幾次，他老人家在外頭總要有換洗衣物。這樣有什麼問題嗎？」筱晨蹙眉地提出疑問。

「妳明明知道媽很生氣爸爸離家的事，妳為什麼要這麼做？妳真不懂事！」志文不悅地說。

「可是，那也是你爸爸啊！」筱晨覺得志文的責備很莫名其妙。

「妳知道什麼？妳什麼都不知道？我告訴過妳，爸爸就是個浪蕩子，自年輕時就在外面風花雪月，闖了多少禍，都是媽媽一個人辛苦遮掩，撐著這個家、守住家產。如果沒有我媽，根本就沒有這個家！」志文在電話那頭咆哮著。

她愣住，這是第一次看到志文這麼失控的表現，他似乎反應過度了。「我知道你們母子很辛苦……」

「不！妳什麼都不知道！」志文在那頭吼她，便掛掉電話。

筱晨感到委屈，但也自省或許自己神經太大條，這件事似乎應該先和志文商量。

夜裡，筱晨半躺在床頭無意識地翻書，等著志文返家。

她幾乎已經睡著，聽到耳邊傳來開房門的聲音，趕緊下床，往門邊走去。

志文看到她有些訝異。「怎麼還沒睡？」他胸口本來堵著氣，看到筱晨特意等門，睡眼惺忪的模樣，顯得嬌憨可愛，他心都軟了。

筱晨撒嬌地窩在志文懷裡，雙手環在他的腰上。他剛喝了點酒，美人在抱，眼眸轉暗，呼吸聲漸粗，兩人身影交纏，呢喃低吟，一室春光。

他們誰也沒注意到一雙紅色緞面拖鞋正徘徊在房門外。

婆媳再過招

翌日早晨，小倆口一臉甜蜜地步出房門。

老太太坐在餐桌前喝粥，抬眼望著筱晨，眼神閃了閃。「志文，以後別太晚回家，這樣筱晨會擔心。」

小倆口微愣，不解地互望。

「是的，媽，如果下次太晚回家，一定先打電話跟媽報備。」志文笑嘻嘻地走到餐桌旁，繞到老太太身後，搭在她肩膀上輕輕按摩。

老太太含笑地說：「是要跟你老婆說，跟我這老太婆說做啥？」

「哼，下次你晚歸沒報備，我和媽就聯手罰你。」筱晨笑著走到志文旁邊，用手搭著他的肩，志文便摟著筱晨的腰，兩人相視，頂著鼻尖互相親暱磨蹭。

老太太不語，低頭繼續喝粥，神色難辨。

「媽，我們倆上班去了。」小倆口邊走邊打鬧地走到大門。

「筱晨，等一下！」老太太突然喚著已經走到門邊的媳婦。

「啊？」筱晨回頭望著婆婆，志文也跟著停下腳步看著媽媽。

「筱晨今早如果不忙，先陪我去看眼科，我的眼睛有些過敏。」老太太神色略顯困窘，看著小倆口狐疑的眼神，頓了頓，才開口詢問。

筱晨愣住，看著志文。志文鬆開與她交握的手，「妳早上陪媽去看眼睛吧。」

筱晨面有難色地問志文：「一定要今早嗎？可是我早上有廠商送貨到店裡。」

志文轉頭看見媽媽臉上似有不耐，便有點焦急地說：「妳跟員工交代一下，媽都開口了。」

筱晨嘆口氣點點頭，志文快速地在她頰邊輕吻，安撫著她的情緒，老太太看見小倆口站在門邊耳鬢廝磨，沉下臉不語。

「媽，已經掛好號了嗎？」筱晨在門邊和志文道別後，便帶著一臉甜蜜走回屋內。

「還沒，我又不想去了。」老太太扯著嘴角笑著說，筱晨愣著看婆婆笑意達不到眼底的笑容，陡然起了冷意。

「妳發什麼呆啊，過來吃早餐，妳應該還沒吃吧。李嫂，給少奶奶添碗粥。」老太太一派慈祥地說，讓筱晨幾乎懷疑剛才那詭異的笑容是出於錯覺。

筱晨坐在餐桌前，有些忐忑，「媽，我不餓。」

老太太臉色略冷，扯扯嘴角問：「妳不喜歡家裡的早餐？」她打量著筱晨身著吊嘎罩衫，一件蕾絲拼接抓皺刷色牛仔短褲，兩側垂掛著吊帶，凹凸有致的身形表露無遺，那派青春洋溢的模樣，真是刺眼。

筱晨急著搖頭否認。

「筱晨，妳要管好志文，別像他爸一樣，風流是會遺傳的，他這麼晚回來，妳就不擔心？」老太太拿起筷子，夾了碟子裡的青菜，往筱晨碗裡擱。

「媽，志文不會啦，我們昨天是因一點口角，他才晚歸。」筱晨解釋。

「喔？為了什麼事？」老太太眼神閃了閃，邊夾了涼拌豆莢擱到筱晨碗裡。

「啊？」筱晨不知該怎麼說，怎可能跟婆婆說是為了公公拿衣服的事。

「只是一點小事而已。」筱晨低頭拾起筷子夾著碗裡的青菜吃了起來，掩飾心虛困窘的神情，其實她真的不喜歡中式早餐，所以早上很少在家裡用餐。

老太太似乎放過她，沒有繼續這個話題，便起身緩緩踱步到客廳，坐到沙發上觀看影片。筱晨喘了口氣，草草結束早餐，心想婆婆如果不去看眼科，現在就到店裡去。

她走到婆婆身邊。「媽，今早真不去看眼科嗎？」

「妳去上班吧。」婆婆專注地看著影片，心不在焉似的回應。筱晨暗自開心，準備邁步離開，突然好奇這影片怎麼無聲，轉頭看螢幕。

筱晨錯愕，渾身僵直地站在原地盯著螢幕。她望向婆婆，她的角度看不到婆婆臉上的表情，而她也沒有勇氣坐下來看清婆婆的神情，於是她幾乎落荒而逃地離開家門。

她驚魂未定的坐在車內駕駛座，半晌才拿起手機撥打給志文。

「筱晨，怎麼了？帶媽去看眼科了嗎？」志文顯然在忙，聲音有些急促。

「志文，家裡有裝監視器嗎？」筱晨鎖緊眉頭地問。

「當然沒有啊！妳問這幹嘛？」志文覺得筱晨有點怪。

「沒事。」筱晨便匆匆掛上電話。婆婆剛才看的影片分明是室內監視器拍攝的影片，影片中，自己正走進客房取出公公的衣服。

她不認為自己犯了什麼錯，錯愕的是屋內裝有監視器，她竟是日夜被窺視，卻毫無自覺。婆婆早知一切，卻不動聲色地用這種方法警告她，這種做法實在太匪夷所思，也過於驚悚恐怖。

筱晨的困惑

晚上回到家，筱晨垂著頭快步經過客廳，老太太和志文母子倆在客廳看電視，有說有笑地聊天。

「筱晨，回來了啊。」志文像個小孩般地趴在沙發背上對著筱晨露齒而笑。

筱晨微怔，呿，這男人，她在這邊驚魂未定，他倒沒事似的。

她轉頭看著婆婆，嚅嚅地說：「媽，我回來了。」

婆婆含笑地說：「快去洗個澡，別累壞了，我讓李嫂給妳添碗熱紅豆湯，洗澡後出來吃。」

她有點恍惚，究竟是不是自己太大驚小怪了，婆婆這麼親切、丈夫這麼可愛，她到底是不是太計較了？

「謝謝媽。」她心頭攪得一團亂。

志文像個孩子似的，親暱地從背後攬著筱晨。「媽，我也進房了喔。」

婆婆笑著說：「你這孩子，像狗皮膏藥似的，黏老婆黏的緊。去！去！」

老太太在他們轉身時，便收拾起微揚的嘴角，面無表情地盯著小倆口身影走進房內。

夜裡，志文好興致地纏著筱晨，兩人在床上互相呵癢玩鬧，直到笑聲轉為低吟和喘息聲。

筱晨幾乎忘了白日的驚嚇，但只是幾乎而已。

他們依然沒注意佇立在房門外的一雙紅色緞面拖鞋正悄悄地離開。

婆媳的衝突

二〇〇六・一〇・〇六〈女人話，幸福說〉部落格

沉默可以解決事情嗎？

沉默不是包容，是對邪惡的縱容，不是嗎？

保有隱私，是人的基本權，被侵犯時，我應該包容嗎？

偷窺讓我非常不舒服，卻還要佯裝無事，我不是個虛偽的人，假裝不知道這件事，對我太難。

靈魂深處的恐懼不斷地從每個毛細孔竄出，我喘不過氣來了。

我太懦弱了，恐懼揭露後的風險，我有沒有能力承擔？

為了這件事，我幾乎夜不成眠，甚至懷疑房內也有針孔，但找不到，我開始疑神疑鬼，這快逼瘋我了。

諮商師說，我應該說出來，至少告訴另一半，但可以嗎？他如此愛著母親，這樣真的好嗎？

諮商師說，我應該要勇敢，為自己勇敢。

「筱晨過來一下。」老太太坐在沙發上喚著剛走出房門的筱晨。

筱晨聽到婆婆喚她，便神經兮兮地低頭檢查自己的穿著，今天她只是穿著暗紅碎花小洋裝，相當端莊低調了。

她猶豫地走到沙發邊。「媽，有什麼事嗎？」

「志文已經出門了？」老太太擱下手邊的報紙，抬眼問筱晨。

「是的，他今天下午和廠商開會，今晚不回來吃飯。」筱晨戰戰兢兢地回答。

老太太沉吟了一會兒，才說：「去幫我倒杯溫開水。」

筱晨有點納悶，通常婆婆都會讓李嫂準備養生茶，放在保溫壺裡溫熱著，今天怎會想喝白開水？婆婆又想說什麼嗎？她一邊揣度，一邊走到吧檯倒了杯溫水。

「擱在桌上。」老太太頭也不抬地繼續閱報。

筱晨心想已經沒事，準備離開。

啪！老太太把報紙摔擲在桌上，瞬間打翻那杯水，濺濕筱晨裙襬。

「啊！」筱晨嚇得叫出來，驚惶失措地看著婆婆。

「去把杯子整理乾淨。」老太太緊盯著筱晨，一臉肅穆地命令她。

她嚇得無法即時反應，只是順從地撿起杯子，匆匆地取出桌上面紙擦拭擱在桌上被濺濕的文件。

「啊！」她驚恐地叫出來，不可思議地望著婆婆。那疊文件正是從她部落格列印出來的文章，還有一些她和朋友聚會的照片。

「媽！妳為什麼要這麼做？」她已不顧尊卑，尖銳地質問婆婆。

老太太起身，緊盯著筱晨，冷笑地問：「妳想跟志文說什麼？」

「我沒有跟志文說什麼啊？」筱晨大吼，她受不了婆婆的變態做法。

老太太直接把桌上文件摔在筱晨身上。「沒有！那這是什麼？妳寫什麼？想挑撥我們母子嗎？」若非媳婦想要挑撥母子關係，她會繼續扮演好婆婆的角色。

筱晨張著口無法回應，看著被丟在地上的文件。

「媽，妳監控我！屋內裝監視器，還找徵信社拍我，偷窺我的部落格，為什麼要這樣？我犯了什麼錯？」筱晨哭著指控婆婆。

「妳知道妳公公交往的對象是做什麼的嗎？」老太太惡狠狠地瞪著筱晨，看著這女人哭得淚漣漣、楚楚可憐似的，簡直是勾人的，心中的火就愈燒愈旺。

「他喜好收集小模，一個個外遇對象都是小模！沒想到他兒子更厲害，把名模娶進門！無論我怎麼抓姦，他就是樂此不疲。而他兒子，虧我這麼疼，就算我嚴厲阻止他娶妳，他竟是以離家要脅我。妳說，這筆帳要算在誰頭上？」老太太紅著眼，怒視著筱晨，彷彿她就是所有模特兒的代表，一股腦兒把憤怒都算在筱晨頭上。

「我不知道這事件，志文沒跟我說。」筱晨有些傻愣，她一點都不知道有這些曲折。

「妳當然不知道，志文哪裡捨得讓妳難過。就像他爸，護著的永遠是小三，即便我為他們林家付出這麼多，他就是看不到我的辛勞。」老太太愈說愈恨。

筱晨呆若木雞地聽著婆婆說出這段過往。

「他現在還跟一個比他兒子還小的女人搞在一起，這次為這件事跟我鬧，還離家。哈哈哈！我算什麼？」講到這兒，老太太已是老淚縱橫。

「媽……」筱晨覺得婆婆很可憐，便伸了手想安撫婆婆，婆婆卻惡狠狠地摔開她的手。

「妳也是一樣，想搶走我兒子嗎？妳帶著什麼動機嫁給志文？還不是看上林家的財富，妳們這種女人都是這樣！仗著自己外形釣金龜婿！憑什麼？我憑著不眠不休的付出，才有這一切，但妳們這種女人，靠張臉、憑張甜言蜜語的嘴，就可以剝奪一切！」

老太太憤怒地瞪著筱晨。

「媽……」筱晨實在不知道該如何安撫婆婆。

老太太氣得有些喘不過氣，陡然臉色蒼白地摀著胸口，冷汗直冒，跌坐在沙發上，大叫：「李嫂！」

筱晨趕緊扶著婆婆，也跟著喚：「李嫂！李嫂！」

李嫂匆匆自房內跑出來，「少奶奶，發生什麼事？」

「快叫救護車！」筱晨焦急地交代著李嫂。

「李嫂，不用叫救護車，先去房內抽屜拿我的藥過來。」老太太臉色發青地說。她沒有虛弱到需要叫救護車，其實她很抗拒救護車。

李嫂猶豫地看著筱晨，筱晨點點頭，她才急著跑到房內取出老太太平日用藥。

服藥一刻過後，老太太情況逐漸平穩，便虛弱地說：「李嫂，扶我進房間休息。」

「媽……」筱晨不安地尾隨在後。

「少奶奶，我扶老夫人進房就可以了。」李嫂暗示筱晨別在老太太面前晃，那只會讓老太太情緒不穩而已。

筱晨氣餒地坐在沙發上，無法動彈。

婚姻危機

她坐在電腦桌前敲著鍵盤，那是她出嫁前的書桌，一張單人床的臥房，然後按著刪除鍵，整篇文章全刪了，她起身望著窗外的天空發呆。

原刪掉的文章寫著：

二〇〇六・十一・三〇〈女人話，幸福說〉部落格

原來愛情很脆弱也很頑固。

他聲聲質問為什麼，句句讓我錯愕。

我問他，為什麼問這些問題。

他說，那是事實。

我問，如果我說那些都是假的，他相信誰？

他說，那是養育他多年的母親。

我問，為什麼不相信我。

他不說話。

而我，也無話可說了。

這就是愛情。愛情真脆弱，不是嗎？

但，我還在這裡卑微地盼著他，希望他帶著愛情回來找我，

愛情還真頑固，不是嗎？

服。

那一晚，志文接到媽媽電話，急忙回家，婆婆哭著說受委屈的事，提到身體很不舒

志文決定開車帶媽媽到醫院掛急診，她聽到志文的聲音，趕緊走出房門，正好撞見志文和李嫂一人一邊地扶著婆婆走出來。她想過去幫忙，但被志文拒絕。

她一個人望著他們離開。

獨自一人坐在偌大的客廳裡，陡然憶起那晚婆婆獨自一人坐在客廳的身影，原來夜裡的客廳，可以這麼寂寥。

她想以後一定要多花一些時間和婆婆相處。

在客廳等到睡著了，直到早晨，突然醒過來，只見志文靜靜地坐在沙發另一端，怔怔地凝望著她。

「媽還好嗎？」她醒來，看到只有志文一人，焦急地問婆婆的狀況。

志文沒有回應，半晌才說：「我覺得妳先搬回小套房比較好。」

小套房是她婚前居住的房子，婚後當工作室。

「為什麼？」她覺得匪夷所思，她做錯什麼？還是弄錯了什麼？

「妳自己做了什麼，妳自己知道！」志文不想多說，轉身走進房間更衣。

她也走進房間，哭著問：「我不知道我做了什麼，你要這樣對我？」

志文陡然生起怒意，回頭怒視著她，但看到她滿臉梨花帶淚，他眼眸的怒意瞬間被疲憊取代。她知道這男人向來心慈，見到淚水總會心軟，再怎麼樣的爭執風暴，只要看到她的淚水，所有的憤怒很快就會蒸發。

志文闔眼，頹然地坐在床上。

她走了過去，試圖想摟著他，就如以往一般地親暱撒嬌，但他把她撥開。

他乾脆躺在床上，單手遮著眼睛，擋住從窗戶探進的陽光。於是她走到窗邊拉上窗簾，才看見他眼角閃著的淚光。

她嘆了口氣，其實猜也猜得出來怎麼回事，只是想問明白。

「妳為什麼這麼做？我幫妳在媽面前講了多少話，妳知道嗎？我好累！」他屈起身體，開始哭得像個孩子似的。

她愣住，頹然坐在椅子上。她知道他漸漸晚歸，假日總藉口說出去跟廠商開會，而他真正的原因是什麼，她不會去追究。婚姻總要保有空間和隱私，他不願說的事，自己不會追問，更不會胡亂臆測，那是基於尊重和信任。但看著他這大半年間日漸消瘦，似乎已經很久沒有笑了，心裡總隱隱地盼著一切都只是自己太敏感。

「剛結婚時，妳送了媽媽一條項鍊當見面禮，媽媽跟我笑說自己娶了一個節儉的老婆，是一件好事。那條項鍊很廉價，以我媽或妳的身價相比，兩、三千元的項鍊，還真是節儉！我趕緊用妳的名義補了一條價值六位數字的手環送給媽媽。」志文情緒漸漸平復，娓娓地說出自結婚以來的委屈。

「不是這樣的……」她很錯愕，急著想解釋。

「我知道妳要說什麼，媽也替妳解釋，說妳一定是覺得她喜歡這款項鍊才會買。」

這番話讓她啞口無言，覺得對，又好像哪裡不對。

「爸爸離家後，媽媽發現家裡有些東西不見，媽媽問起我是否讓爸爸進門拿東西，因為已經換鎖了，爸爸不可能自己進門，應該是有人拿走。我還說媽媽太多心，結果原來是妳做的，這件事妳讓我很失望。」志平像在說別人故事似的，一件一件地攤開說。

「對不起，我真的沒想太多。爸爸打電話來說請我幫忙拿幾件衣服，我一個當媳婦的，怎可能拒絕。而且這是小事，也沒想到要特別告訴你，當然也不想惹媽生氣難過，所以就沒有先知會媽媽了。」她嘆了口氣，至今不明白這有這麼嚴重嗎？

「媽媽眼睛不舒服，她一個老人家拜託妳帶她去看病，但妳是怎麼做的？傷透了媽的心，這件事我都不知道該怎麼替妳說話。」

「不是這樣，是媽不去看病的。」她覺得離譜了，明明是婆婆自己不願意去看病，怎會是她不願意帶她去？

「是啊，媽媽也替妳解釋了，說是她自己不願意去看病。妳有沒有想過妳擺一張臭臉，急著想去店裡，老人家怕耽誤妳，當然說不去看病了。」志文從床上坐起來，不屑地扯著嘴說。

她張著口，突然不知該怎麼辯解。這話說得好像對，又好像哪裡不對。

「這次更誇張，妳竟然不顧身分地質問媽媽家裡裝監視器，誣衊媽媽找徵信社？媽媽就算有裝監視器，也輪不到妳這個媳婦用這種態度對付我媽媽啊！何況家裡失竊，媽媽裝監視器有什麼錯？」志文說到這裡，語氣既憤怒又不屑，彷彿開始憎恨眼前這個女人了。

「家裡失竊？你說這句話是什麼意思？」她被志文尖銳的說法給激怒了。

「什麼意思，就是字面上的意思。」志文撇嘴地說。他知道話太重，但也收不回去了。

「媽媽被妳弄得胸悶喘不過氣來，妳什麼都沒做，讓她一個人回房間，萬一她有個三長兩短怎麼辦？」志文想到這裡就來氣。

「她不願意去醫院啊！李嫂可以做證。」她嚥不下這個指控。

「她老人家身體不舒服、精神不濟，她說不去，妳就不帶她去？請問妳有到她房裡問過她好不好嗎？媽媽難過得打電話給我，在電話裡哭，我趕回家帶她去看病，現在還在醫院吊點滴，蘇筱晨，媳婦是這樣當的嗎？」志文憤憤地說。

「不是這樣的！不是這樣的！」她真的百口莫辯，事情的經過分毫不差，說法卻是南轅北轍。她只能反覆說事情不是這樣的，卻無法具體的說哪裡不對。

「不是這樣，是怎樣？妳當模特兒，被掌聲和讚美聲伺候太久了，妳這樣的媳婦，林家養不起！」志文吐出這句話後，內心頓時後悔極了。其實這句話是媽媽昨夜在醫院裡頭說的，當時他不接受媽媽這句話，現在卻對著筱晨說了，也不知自己怎麼回事。

她愕然地看著志文，志文轉頭避開她錯愕的眼神。

「志文，如果我說那些都是假的，你相信嗎？」她含淚地問。

「那是養育我多年的母親。」他迴避她凝視的眼神，嚅嚅地回答。

「所以無論我說什麼，你都不會相信我。」她的笑容很悲傷。

他沉默不語。

她隨即衝出房門，遠遠傳來大門關門聲。站在大門外的她，遲遲等不到志文追出的腳步後，便失魂落魄地離開了。

回到小套房已經一個多月了，她望著窗外的天空，一年前的天空和一年後的天空好像都沒變，只是物是人非。

沒有志文的音訊，這樣也好，真的這樣也好。只是，心中還是會痛、會期待。

愛情很脆弱，也很頑固。

愛的煎熬

她總是這麼美。

透過店面櫥窗玻璃，他依然看見她的美麗。大波浪長髮隨意挽成髮髻，垂下的亂髮，讓她五官顯得嫵媚。解開了幾枚鈕釦的絲質白襯衫，露出她性感的鎖骨，緊身牛仔褲完美地包住她窈窕的臀型。

他依然為她心動，卻如此無能為力。

她走出了店門口，抬手拔掉髮簪，一頭波浪長髮搭上了肩膀，她改變了原先直髮髮形，捲髮的模樣讓她從豔麗變成嬌媚的女人。她彷彿在等人，低頭滑著手機，過一會兒，一輛進口轎車駛到店門口，駕駛座的人搖下車窗，她笑著上車。

她還是人妻，卻開始過單身生活。

他開車尾隨著她坐的轎車，其實他都已經決定分手了，卻還是克制不了自己追蹤她。只能不斷用她還有人妻的義務，辯解自己心痛和跟蹤的行為。

車子停在一家涮涮鍋餐廳前，她先下了車，從駕駛座的車門跨出一名年輕男士，他把鑰匙交給泊車小弟後，他們倆便有說有笑地走進餐廳。

他緊握方向盤，緊到指節泛白，壓抑著自己不要跑下車去帶走她。

他應該跟她一刀兩斷，沒有未來，不如早早了斷。但他一直拖延，媽媽不斷催促辦理離婚手續，他就是沒辦法。

他把車開走了，在臺北街頭胡亂地晃。

不知不覺，他竟把車開到她小套房樓下，他真的想知道她何時回家，有沒有和那個男人一起回家。

深夜，她終於回家了，下車後的她對著駕駛座的男人揮揮手，便走進大樓。

他們並沒有更進一步的親暱動作，這完全安撫了等候了幾個鐘頭、並把所有可能場景都假設過一遍的他。

他無法克制自己地走進大樓，按下熟悉的電梯樓層按鈕，來到她的小套房前，闔眼的把頭靠在大門。他不斷深呼吸，還在糾結自己該不該進去找她。他摸了摸口袋的小套房鑰匙，是了，他還保有小套房鑰匙，那是婚前她交給他的。這間小套房有著他們倆數不清的甜蜜回憶，一幕幕如走馬燈似地迴盪在他心裡。

他深吸一口氣，從口袋取出鑰匙開門，如果她換鎖，他就轉頭離開，那就是他們的宿命了。

門打開了，他走進房間，她正在更衣。她錯愕地看著他，他忍不住向前一步緊緊擁著她，聞到她淡淡的髮香，如此熟悉，環抱的女體，如此誘人又親暱，他才感受到自己是這麼的思念她，她才是他的歸宿。

她開始大哭，他也哭了。

他們兩人似乎都在等這一刻，四個多月後的重逢。

一夜纏綿。

「讓我留下來好嗎？」志文在床上擁著筱晨，把臉埋進筱晨的頸窩裡，深深地聞著專屬於她的體香。

「媽媽會擔心，你還是回家吧！」筱晨眼角還殘留著淚痕，但這樣她已經很知足了。

聽到這句話，志文突然僵硬，過了半晌，嘆了口氣，「那我明天還可以來找妳嗎？」志文知道筱晨說的是對的，只能退而求其次詢問下次機會。

筱晨轉頭，和志文額頭相抵，隨後親吻著他。「我日夜都等著你。」

志文像孩子吃到糖般滿足地笑了。

喜訊降臨

她從醫院走出來，姿勢有點怪異地走在路上，一副想輕盈地邊跳邊走，但又要矜持地走路。

她還邊走邊傻笑。

她開心的忍不住像跳舞般地轉了圈，引起路人側目。

她偷偷笑自己的無狀，揮了揮手，招了輛計程車，坐上車後的她，仍掩不住笑意。

計程車司機從後照鏡望了望她。笑容是會傳染的，司機也勾起笑意地問：「小姐，一定有什麼好事發生了。」

她竊竊地笑：「看得出來啊？」

司機莞爾，這女孩真是可愛，眼神和嘴角都透著笑意了，分明急著想與人分享自己的喜悅。「是啊，小姐整個人都發光啊，一定有好事。」

「可是依習俗，我還不能說耶，但真的是天大好事。」她笑嘻嘻地說，但這樣的說法，誰都猜得出來是什麼好事了。

司機笑著說：「那等一下少收十元車資，分妳的好運。」

她笑著說：「太好了！」

她回到小套房，不斷思考著該怎麼告訴志文這個大好消息。現在打電話嗎？還是等他下班回來時說？或到餐館慶祝時當場說？

她一直盤算著該如何告訴志文這個好消息，假設出各種狀況，卻絲毫沒想過志文的反應，會是什麼情況。

這幾個月在這小套房裡，他們過著甜蜜的小夫妻生活，即便是偷來的日子，也甘之如飴。這段日子志文都瞞著媽媽，每到下班就回到筱晨小套房，直到入夜才返回原來住所。

她今天沒到店裡，在小套房上網查懷孕應該注意的飲食和胎兒身體發展資訊，直到晚上，志文走進房內，看見筱晨專注地盯著電腦。

「老婆，忙什麼？我餓了。」

他自後方摟著筱晨，抬頭看電腦上一幕幕小嬰兒圖片。

筱晨笑著回抱著志文。「今晚我沒煮飯，我們到餐館吃。」

「喔，有什麼好事嗎？要到餐館，我累了，不想出去吃啦。」志文為了說服筱晨自己真得很累，便直挺挺地倒在床上，四肢攤在床上。

「好吧，我先告訴你一個消息，你再決定要不要出去吃好了。」筱晨笑了。她現在開始有點忐忑緊張了。

志文彷彿感受到筱晨的緊張，坐起來望著她。「什麼事？」

「我懷孕了，醫生說胎兒應該有兩個多月了。」她緊盯著志文的反應。

志文傻傻地看著她。

志文的抉擇

五個月後。

她喝了一杯熱豆漿，下意識摸了摸已經懷胎七個月渾圓的肚子，便坐在電腦桌前敲著鍵盤。

二〇〇七‧一〇‧〇六〈女人話，幸福說〉部落格，文章隱私設定：不公開。

原來愛情這麼艱難。

他知道寶寶後，呆愣了幾秒鐘，那幾秒鐘我幾乎忘了呼吸。

然後他激動地抱著我。

那一刻，我哭了。
還好他的反應是這樣，我才知道自己原來這麼恐懼。
我完全不敢想像他不要寶寶的可能，只要有這麼丁點的猜測，心就刺痛了。
還好他的表情沒有一絲一毫的猶豫，否則我想，我應該會崩潰吧。
他說，他要回去下跪求他母親接納我和孩子。
但那一天之後，他沒有再回來。
只傳來一通簡訊。
他說他原來想給我一輩子的幸福，給我和孩子一個家。
但他卻如此痛苦又無能。
至於為什麼無能，他沒說明白，卻說了一句：
我有在加拿大的家人，還有寶寶陪著，而他媽媽只有他一個人了。
看到這句話，我又哭了。
原來兩人不是只要有愛情就可以過一輩子。

她嘆了口氣，又習慣性地撫了撫肚子，擔心自己的情緒影響了胎兒。深吐一口氣後，又寫了封郵件給在加拿大的姊姊。

姊姊，好久不見了，希望妳一切安好。我想妳的建議是對的，所以上週已經把服飾店盤給朋友了，預產期在明年一月。我現在身體沒辦法搭飛機回加拿大，所以等我生產後，我估計約在明年春天回到加拿大。這段期間我會委託律師盡快處理離婚手續，再次感謝姊姊，也感謝姊夫的體諒。

她把郵件傳送出去後，便起身望著窗外發呆，反覆咀嚼著曾經甜蜜的回憶。

自從那天他說回家要向媽媽下跪求情，至今已經五個月了，他還沒看過她大腹便便的模樣，會不會連孩子也看不到爸爸呢？想到這裡，心頭一陣酸澀，淚水又滑落，肚子突然有些胎動，她低頭輕撫肚子，喃喃低語：「寶寶，讓媽媽再哭一次就好。別擔心媽媽，哭也是一種很健康的活動。」

她走進盥洗室洗把臉後更衣，環顧著這間充滿甜蜜的套房，深吸一口氣，緩緩關門，便拿著皮包準備到律師樓赴約。

筱晨的決定

她把婚姻中的事娓娓道來。

律師說：「妳提到婆婆裝監視器、徵信社及挑撥的行為，可以舉證嗎？」

她搖搖頭，因她沒有想過會走到這個地步，而且離家時匆促，沒有想過蒐證。

律師解釋：「通常婆媳不合，必須達到不堪同居直系親屬的虐待，才會構成法院裁判離婚的理由，否則就必須符合《民法》第一〇五二條第二項規定婚姻破綻的重大事由。在實務上，妳的狀況應該還不符合虐待條件，但有可能構成離婚的重大事由。」

她聽得有點困惑。「律師，我並不想進入法庭訴訟，只想好聚好散。」

律師莞爾。「當然，最好的狀況是好聚好散，但如果無法協議離婚，總要想到後路，例如裁判離婚。」

律師詢問：「你們有財產問題嗎？例如婚後財產？」

她其實很不想回答這個問題，因為這不是她想要爭取的範圍，但她還是基於尊重專業下回答：「他在家族公司擔任總經理，一個月幾十萬元吧，我不是很清楚，也沒有過問。他還有公司配股、紅利，至於有沒有其他財產，我不太清楚。不過，他目前居住的房子，已經贈與給我，目前是他和婆婆居住，而我在婚前有一個小套房，也有點積蓄，婚後有一家服飾店，目前已經頂給別人了。扣除貨款，還有結餘款百萬元左右。」

律師：「妳有想請求財產分配嗎？依他的財力估算，妳可能有婚後財產差額請求權。」

她說：「律師，我們才結婚兩年，我不想請求財產。我自己有事業，財務各自獨立，所以我不想去計算財產，包括他贈與到我名下的房產，目前是由他和他媽媽在居住，我用不到，也無法出售。而我離婚後準備和孩子回到加拿大居住，所以那間房子，看要如何處理，是否過戶還給志文？」

律師沉思了一陣子。「如果我們試行協商，妳把房子過戶還給他，他給妳一筆現金。」筱晨準備開口說什麼時，律師便接著說：「我知道妳不想要錢，但相信我，妳需要一筆現金。妳有沒有想過結束了臺灣的工作回到加拿大，什麼時候才能在加拿大重新找到穩定工作？也許為了照顧小孩，可能改變計畫，暫時沒有工作而當個全職媽媽呢？這些變數都需要錢。當然，我們也可以請求對方支付孩子扶養費，那是每個月支付。但妳在加拿大，他在臺灣，萬一他終止支付。別說不可能，什麼狀況都可能發生，例如他再婚生子，難道妳要回臺告他嗎？妳不會這麼做，所以妳需要一筆現金。」

她張著口遲遲說不出話來，嘆了口氣，她知道律師是對的，但她心裡就是不希望落實婆婆先前指控她圖謀林家財產的汙名，讓婆婆誤會更深，甚至讓志文誤會。所以她真的一點都不想拿林家任何財產，只想帶著清白和孩子回到加拿大。

「這筆錢要多少？扶養費又怎麼算？我能爭取到孩子監護權嗎？」她還是先問清楚再做決定。

「那房子價值多少？有貸款嗎？」律師問。

「大約一億多元吧，位於臺北市，上頭沒有貸款，婚後志文就贈與給我了。」坦白說，志文對她真的很好，但婚姻中總有這麼多的無奈。

律師愕然，這麼高價的房屋，這女人竟打算分文都不要。

她知道律師在想什麼，無奈地說：「那房子是志文的家產，那是上一代留下來的。目前他和婆婆都居住在那裡，我不可能趕他們走啊，所以房子價值再高，對我沒有意義啊，不如就還給他們。」

律師點點頭。「那我們就利用這房子做為離婚和孩子監護權、單筆扶養費的談判，這樣好不好？」

她遲疑地點點頭，如果真要走到這地步，那也沒辦法了。

「律師，那就委託貴事務所代為協商離婚，但請在明年一月生產後再發動，我不希望在待產期間處理這種煩心的事。」

律師點點頭，於是雙方辦妥委任手續，她便離開了律師樓。

走出律師樓，她深吐一口氣，漫無目標的走在路上，不禁抬頭仰望著那片被塵埃遮掩的模模糊糊天空。這就像愛情啊，太多的塵埃，讓妳怎麼也看不到愛情。

志文的挽回

他垂著頭坐在客廳沙發上，渾身頹廢不堪，皺巴巴的衣服，就像從洗衣機裡臨時撈出來穿在身上一樣。

「你像話嗎？」老太太坐在沙發上瞪著這個為了女人不要事業的兒子，真是不成材。

「這段期間，你躲到哪裡？公司丟著不管，也不回家，電話也不回，你跑到哪裡去了？」老太太繼續喝斥這個彷彿坐在沙發上睡著的兒子。

「如果不是這個女人請律師寫信給你，你還是不會跟我聯絡，是不是？」看著這個兒子消瘦的模樣，就心疼地軟下語氣。

志文聽見關於筱晨的消息，才緩緩抬頭，毫無表情的凝視著媽媽。

他兩眼凹陷，眼裡泛著紅絲，滿臉鬍碴，就像流浪漢似的。老太太哭了出來，一個像陽光、愛笑的俊秀男孩，怎麼變成這副德行？

「都是那個女人害的。今天下午跟我一起去律師樓辦理離婚手續，關於離婚條件，我已經委託律師和她的律師談好了。你竟然把祖產過戶給那個女人，你真是好樣的！那女人生的孩子，就跟著她吧。」老太太真是恨鐵不成鋼，為了取回房子，害她賠了兩千萬元。而小孩監護權，她壓根不想搶，免得因為孩子讓他們兩個糾纏不清。

「筱晨也會去，是嗎？」志文只在乎這件事。

「她會去，所以這樣你就會去了，是嗎？」老太太氣瘋了，到了這地步，這個兒子還在想這個女人。若非離婚一定要兩人親自去辦理，她真不想要他們兩人見面，免得又橫生枝節。

他沒有回答，只是漠然地走進已經大半年不曾進去的房間。

律師樓的道別

律師樓，雙方律師、老太太及當事人雙方都到場。

志文緊緊望著坐在會議桌另一端的筱晨，彷彿這樣可以治療痛苦。筱晨低頭不語，不敢與志文對視，只是不斷垂淚。

律師把離婚協議書遞給筱晨，筱晨沒有看內容，就匆匆地簽字，志文眼眶泛紅、緊握雙拳盯著筱晨。

律師又把離婚協議書遞給志文簽署，他依然望著筱晨不說話，也不提筆。

「志文，快點簽名，別耽誤律師的時間。」老太太坐在志文旁邊喝斥著他。

但志文充耳不聞，半晌才對著律師問：「請問我可以和筱晨單獨談談嗎？」

老太太聽到後抿嘴不語。

律師以眼神詢問筱晨，筱晨微微點頭，律師便引導兩人到另一個會議室。

「我們孩子出生了，對嗎？」志文聲音微微發顫。

筱晨含淚點頭。「兩個月了，是女兒。」

「取名字了嗎？」志文輕聲問。

「我叫她小蘋果，因為她的臉總是紅通通的。」筱晨微笑著說。

「長得像你還是像我？」志文也勾唇笑了，彷彿看到另一個小美女。

「鼻眼像我，眼睛像你，眼睛會笑似的……」說到這裡，筱晨哽咽，話卡在喉嚨怎麼也說不出口。

「妳把店收起來了？也搬家了？」志文癡望著她。

她點點頭，對這件事，她不想多解釋。因為要出售小套房，所以她暫時搬出來租房子，特別把小套房整理裝潢，可以出售比較好的價錢，回到加拿大，手頭比較寬裕。

「你有回來過？」她問出這句，就後悔了，都要離婚了，這句話有什麼意義。

他點頭。「收到律師函後，我回去小套房，但打不開了，我等了很久，大樓管理員說妳已經搬家了。」

她沉默不語。

「筱晨，真的要離婚嗎？」他眼眸間透出懇求。

筱晨淚漣漣地望著志文，點頭。她累了，不想再糾纏在這段分分合合的愛情裡，她真的不願再扮演著等候的女人了。

「那天我回家跪著求媽媽，媽媽說如果我把妳接回來，她就去死，然後我們大吵一架，她突然換不過氣來，我趕緊送她去醫院急診。」志文試著解釋。

「那一夜，我陪在病床邊，看著為這個家勞碌一生的母親，虛弱地躺在病床上，就深覺自責。

「在心目中，媽媽是如此堅毅，爸爸是個不負責任的紈褲子弟，不停地在外拈花惹草，任意揮霍家產，他讓媽媽流了不少淚。但媽媽為了我，堅持地守住這個家，努力經營祖父留下的家業。我知道媽媽為這個家付出了一生，而父親讓她流淚，我長大後依然讓她流淚，我真覺得自己太不孝了。」

筱晨仔細聆聽著志文回憶當天的情形，即便是離婚，她真的需要志文的解釋，這樣她才能填補兩人那段空白的回憶。

「所以我傳了簡訊給妳。」志文頓了頓，望著筱晨的反應。

筱晨苦笑，她怎麼可能忘記那通簡訊，那封寫著：「妳有在加拿大的家人，還有寶寶陪著，而我媽媽只有我這個兒子。」他選擇了媽媽，放棄了她和孩子，她怎麼可能忘記。

「媽媽出院後，我很想回去找妳。但我真的沒有勇氣，不知道該怎麼做，才能夠同時保護妳和媽媽。我很痛苦，就離家了。我開始四處流浪，到每個地方居住一陣子就換一個地方，當過農夫，當過捆工，也搬過磚頭蓋房子，大量勞力麻痺自己的思考。這當中我都沒有和任何人聯絡，我需要獨處來整理自己。直到看到媽媽簡訊，說妳委託律師要離婚了，我就從臺東趕回來，但妳已經搬家了。」志文說完後，忐忑地等候著筱晨的回應。

「所以這段流浪期間，你沒有改變過決定？」筱晨紅著眼問他。

「不是，我只是逃避，並不是真的不要妳和孩子。」志文焦急地解釋。

筱晨搖頭，「志文，我會怕，我們倆之間永遠夾著你無法割捨的媽媽。」

「所以妳還是決定離婚。」志文頹然地坐在椅子上，久久不能動彈。

筱晨含淚不語。

「是我對不起妳和孩子，妳放心，我會尊重妳的意願。」志文起身準備離開。

「我可以抱抱你嗎？用老婆的身分最後一次抱你嗎？」筱晨望著志文。

志文隨之緊緊擁抱著筱晨，啜泣著，如此悲傷。

律師佇立在門外，嘆著氣不忍催促這對夫妻。雖然老太太督促著她前來喚這對夫妻，但她就是不忍。

重來的故事

四年後。

老太太帶著黑衣人步出婚禮，志文衝了出來，「媽！」

老太太聽見兒子聲音，心裡陡然生出喜悅，但表情仍沒鬆動，只是緩緩回頭看著志文。

「媽，這次不會了。」志文走到老太太面前，目光鎖緊媽媽。

老太太看著這個站在面前、高大挺拔、已然成熟穩健的兒子，她多麼以他為傲，為了這兒子，忍受多年不堪的婚姻，捍衛住家產，就為了把這片江山留給兒子啊。

「回來公司吧。這次我會完全從公司退位，由你擔任公司董事長，你想怎麼做就怎麼做。」老太太開始和兒子談判。

「媳婦的公司和我們公司是商場上潛藏的競爭對手，他們是這兩年才崛起的公司，你岳父看中這點，有意搭上我們這家老公司，藉此攀上人脈和資源，目的就是一場商場聯姻，你怎麼看不明白？」老太太詳細分析這場婚姻的利弊得失。

「哈哈，媽，那時候妳也是這樣說。」志文大笑著說。

老太太愕然地看著他。

「媽，那時候妳也說筱晨是圖謀我們家產才嫁給我，這次又老調重彈，妳就這麼瞧不起我，以為全天下女人都不是看上我，而是看上『妳』的財產。」志文冷笑著，特別強調那是老太太的財產。

「不會了，這次我不會讓安君變成筱晨。我會當江家女婿，如果兩家是商場上競爭敵手，那麼媽，可要好好守住妳的事業！」志文說完，便轉身步回婚禮。

「志文，你就這樣對待媽媽？」老太太大聲喝斥。

志文身體僵了僵，還是堅定地走回禮堂。失去筱晨，是他這一生最大的痛。離婚後他以為還可以追回她，但到處找都找不到她，那種痛太噬人，簡直生不如死，不敢回想。他回到公司開始不斷用大量的工作麻痺自己。

直到半年前遇見了安君，終於讓他找回一絲絲活著的感覺，他們陷入熱戀，很快就決定結婚。媽媽自始反對，但那又如何，他已經沒有感覺了。

是啊，他當年怎麼沒想到，媽媽自始反對，但那又如何，只是人生無法重來。

老太太最後的努力

律師樓。

律師看著這位老太太坐擁數棟房子，出門祕書和傭人相隨，司機專車接送，看似擁有一切，卻是如此孤寂。老公離她而去，拒絕與她聯絡，連最寵愛的兒子也與她漸行漸遠。

在老太太身上，她終於明白什麼是窮得只剩下錢。

她帶著一群人，也就是祕書、傭人和司機來到律師樓。「律師，我要告兒子。我先前贈與給兒子的房地，是否可以要回來？我要告他『遺棄罪』。」

律師看著老太太從皮包裡取出鎮定劑服用，她才緩緩回覆：「這狀況不符合『遺棄罪』，但如果他對妳有刑法上故意侵害的行為或不履行扶養義務者，在知悉後一年內得撤銷先前的贈與。」

老太太得意的說：「哼！兒子對我不聞不問，算是不履行扶養義務吧。我要拿回所有房產，我就不相信他不會回來求我，和那女人斷絕關係。」

律師提醒：「妳確定這樣，兒子就會回家？」

老太太冷笑著說：「沒有錢，媳婦就會不要他了。相信我，他會回來。」她自信自己最清楚兒子底線。

然而，她還是錯了，孤寂已是必然的結果。

孤寂的結局

老太太孤伶伶地坐在公園的長板凳上。

從早晨到夕陽西下，她都沒有起身。

公園颳起了涼風，樹葉颯颯做響，路燈漸亮。

一名遛狗的婦人見這位老太太衣著單薄，獨自坐在公園裡，關心地走到老太太身旁。

「阿嬤，天黑了，怎麼不回家，天氣轉涼了，坐在公園會受寒啦。」

「我等我兒子啦，他爸爸欠錢，一堆黑衣人找上門，我不敢回家，我在這裡等兒子。兒子放學都會經過這裡，我要在這邊等他，不然他萬一直接回家，會被黑衣人綁架。」老太太終於有些表情。

「妳兒子放學？他多大了？」婦人狐疑地問。老太太看起來都七十好幾了，孩子應該不小了，怎麼會說兒子放學？

「他小學三年級啊。妳小孩多大了？」老太太笑著問。

婦人怔然，看來老太太似乎失智了。她環顧四周尋找附近有無老太太的家人，奇怪，怎麼沒人陪這個老太太呢？這麼晚了，也不見家人來找她，這樣很危險，

婦人坐下來陪老太太，倘若無人來接，總要把老太太送到警察局。

「阿嬤，我先送妳回家好嗎？妳知道妳住哪裡嗎？」婦人試著問。

「回家？」老太太喃喃，隨即陷入沉默。

一個多小時後，方見一名中年男士匆忙趕過來。婦人責備：「你是他兒子嗎？怎麼讓媽媽一個人在公園？」

男士微愣，搖搖頭：「我不是她兒子，只是她的員工。謝謝妳，我來接老太太回家。」

「老夫人，我們回家吧。」中年男士扶起老太太。

「志文，你來了？我們回家。」老太太笑了，佝僂著身體，在男士的攙扶下緩步離開。

婦人望著老太太嬌小身影，如此寂寥。她嘆了口氣，喚聲「哈利！」，小狗興奮地跑回來，繞在主人身邊，尾隨著主人腳步回家。

每當經手這類案件，總是有些悵然，也許只要其中一個環節改變了，整個人生都會有不同風景，至少不會如此悲傷和遺憾。
婆媳關係往往是，幸福和諧的婆媳不會成為口耳相傳的故事，只有衝突對立的婆媳關係，才會被搬上螢幕。
因為宅鬥就是戲劇老梗，沒有太多建設性，只是好看，就像夜裡吃碗泡麵的滋味，明知不養生，但就是過癮。
有人問，真的有這麼誇張的婆婆嗎？
真實案例的婆婆，遠比故事還有過之而無不及，挑剔、挑撥、以死要脅，到要求兒子和媳婦離婚的情節，比比皆是。那麼接下來，我們要開始撻伐婆婆了嗎？
還是組成媳婦粉絲團共同宣洩對家中婆婆的不滿和怨言？
但這似乎無助於改善婆媳問題。

婆媳問題的省思

改變悲傷的關鍵

我想藉由一位心理師曾提起到情緒調節模式，切入婆媳問題的解決策略。

心理師曾對情緒處理提出ＡＢＣ概念架構：Ａ代表事件、Ｂ代表想法、Ｃ代表情緒；也就是改變或調節情緒，第一種方式是改變Ａ，第二種是轉換Ｂ，第三種是調節Ｃ。借用這個模式可以理性、清楚地處理家庭紛爭的解決策略。

以筱晨和志文的婚姻為例，他們的婚姻危機有三個可變動事件（Ａ）：第一是婆婆的介入，第二是志文對於婆婆的順從，第三是志文和筱晨的溝通模式。以夫妻倆可自行處理的部分，也就只有第二、第三件事。

孝順是一件美德，但順從的方式和底線不是不能討論，套用後宮甄嬛傳的臺詞，皇后說：「孝心用的不當，便是害人害己的糊塗心。」這就像媽媽不同意你求學，你就會順從不念書嗎？或者媽媽要求你每次考試都要一百分，你就能考到一百分嗎？前者我們無法接受不合理的要求，後者是我們做不到。那麼，媽媽不同意這場婚姻或者要求和媳婦離婚，為什麼我們就能接受或者做得到？

這就必須從第二順從的議題，延伸至第三的可變動事件，也就是夫妻間如何溝通？兩人因為婆媳不和導致婚姻產生裂痕，是否出於丈夫本來對維繫婚姻的意願不高？否則為何無法排除媽媽不合理的介入？這就是夫妻倆需要正面有效的溝通，共同處理家內紛爭，此時我會建議進入婚姻諮商，透過專家協助夫妻雙方釐清感受，修復因婆媳而撕裂的關係，並且共同找到處理模式。

倘若已經盡力了，A事件依然無法改變，那麼就進入B想法的釐清，怎麼選擇並評價這件事？這就是觀點，以及放手和不放手的選擇了。在筱晨的觀點裡，她看見了「老人」議題，她說：「我常想失去青春後的女人，如何找回自己的存在價值。『老』只能是負債，不能是資產嗎？失去青春，失去工作的動力，失去健康，失去魅力，失去做夢的能力，這些都是負債。」這是一個很中立且有用的觀點。

關心老人的心理健康

老人的心理健康議題，就是婆媳問題裡最核心的觀點之一。

老太太因不幸婚姻造成創傷及失落感，加上因為「老」帶來的失落，所以會急於控制自己能掌控的價值，但其實她什麼也不能。就如同企圖握住掌上的細沙，細沙依然從指縫間流失，因此造成老太太的不安和焦慮，才會慌亂或反射性地拉住任何浮木，而志文就是她唯一的浮木。

老太太其實非常需要志文和筱晨的協助，但大部分的人只注意到身體的健康和照護，很少注意到老人心理健康的問題，或者也不願多花心思在老人家身上。

在艾瑞克森的心理社會發展理論，老人心理發展的任務與危機，就是「自我榮耀、統整與絕望」。發展順利的心理特徵，是圓融豁達及安享餘年；發展障礙的心理特徵，是悔恨舊事及絕望茫然。所以，應該協助家中老年人的心理發展，讓他們面對不斷失去的過程，自我調整和適應，接受自我並承認生命是有期限的事實，以超然的態度面對生活和死亡，達到圓融豁達，過一個有品質並且被尊重的老年生活。

因此，假設我們把婆媳不和這件事，從嫉妒、宅鬥的觀點，轉換成老年議題的觀點，或許我們不會這麼糾結。老太太侵略性行為所產生的被剝奪感，也就不會這麼嚴重。當然，我不是說裝設監視器的侵犯隱私行為是對的，反而是從這件事看到老太太的心理發展危機，是需要被處理和協助的。

如果筱晨和志文都能以這樣的觀點看待並處理家中的婆媳問題，那麼有可能改變悲傷情緒，也就不至於因為負面情緒而走到分居並離婚的地步。

但如果什麼都做了，什麼也改變不了，那就考慮是否放手。至少不會反覆在相同的事件和關係中拉扯，陷入深沉的無力感和無窮盡的悲傷中。

給婆婆的良心建議

除了老人心理健康議題外，傳統家庭的觀念，也是很重要的因素，因此想給各位婆婆一些良心建議。

首先，孩子長大了，至少成長到足以另組家庭，這代表著他將為自己的家庭負責，並與妻子併肩為自己所組的家庭努力、互相照顧著彼此。所以，婆婆實在不需和媳婦搶著照顧兒子。因為學習互相照顧扶持，有助於夫妻在婚姻中建立親密的夥伴關係，別剝奪他們學習的機會。

當然，婆婆也必須試著讓媳婦明白，你不會中斷對兒子的關心，但僅止關心，不會介入。即使兒子長大成人，依然是你的孩子，母親不會因為他結婚就停止母愛，因此當夫妻倆發生糾紛，最好夫妻自己解決，別想透過你，因為你有偏袒兒子的立場。就算你試著表達中立，甚至傾聽和同理，並以女人的角度為媳婦說話，但到關鍵時刻，如媳婦採取的處理方式傷及兒子，你也勢必為難。這是身為母親難以改變的包袱和立場，所以請媳婦別挑戰母親的心情。

關於經濟部分，當身為婆婆的你已經提供兒子一筆成家基金，那麼已經夠了。你必須讓夫妻倆明白，他們不會再得到你的金援，他們必須學習承擔，明白家庭的意義、體悟家庭的共同責任。如你讓兒子在家族公司上班，那麼告訴他們夫妻倆，兒子只是個職員，公司的資產與他無關。如有借用兒子的名義投資股票和不動產，你將會簽立一份借名契約，明列屬於你的資產明細，並且公證。告訴夫妻倆，法律上你都已經處理好了，倘若有一天，夫妻倆沒把婚姻經營好，必須分財產，千萬別把婆婆的資產計算進去。

做為老人的你，會盡力把身體養好，用自己的積蓄安排老年生活，包括遊山玩水，所以夫妻生了孩子，別想把孩子丟給你照顧，然後再指點你照顧的方法哪裡不妥貼。告訴他們，偶爾幫點忙，或許可以，但別寄望你日夜地長期照顧。

最後，無論身為婆婆的你是否喜歡媳婦，都要記得那是兒子選擇的終身伴侶，基於尊重與愛，請盡量不要向兒子挑剔媳婦的錯。那只會讓兒子的婚姻更艱難而已，這不是祝福該有的態度。

人生誰沒風沒雨，只求風雨中的翩翩起舞，別辜負自己那分望見黑暗後曙光的智慧，和那歷經磨礪後承擔風雨的堅強，這就是不外求的幸福。

接受悲傷是人生的必經風景，請善待悲傷的存在，別急著否定，悲傷存在我們的內心和外在的風雨，那是讓我們學習成就更美好的自己。就如同愛情會有悲傷和嫉妒，那便是為了讓我們看到愛情更真實的存在，只因為失去恰好彰顯了存在。

因此，帶著這分體認珍惜現在，即便失去了，也能接受這場風雨，依然等待明天，也不會枉費了自己那分望見黑暗後曙光的智慧，和那歷經磨礪後承擔風雨的堅強，這就是不求人的幸福感。我是真心這麼自我期許的。

關於不堪同居的虐待、撫養，你該知道的法律

這篇故事中有幾個法律常識：

「婆媳不和」可以做爲離婚理由嗎？

依《民法》規定，夫妻一方對他方的「直系親屬」有不堪同居的虐待，或夫妻一方的「直系親屬」對他方有虐待行為致不堪為共同生活，所指直系親屬，例如夫妻一方的父母、祖父母，或夫妻一方與前夫或前妻所生的孩子。

在實務上認定「不堪同居的虐待」，例如家庭暴力或亂倫，程度上都相當嚴重。一般的婆媳不和或姑嫂等其他家庭成員間的不和諧，多數以「婚姻破綻的重大事由」做為離婚理由，當然也就涉及「誰的錯比較多」的評價，錯的一方或者錯的比較多的一方提出離婚者，就會遭到法院駁回離婚請求。但要提醒一件事，實務上審酌的主要對象，不是婆媳不和導致婚姻破綻時是婆婆的錯還是媳婦的錯比較多，而是面對婆媳不和導致婚姻破綻這件事，夫妻如何處理？倘若丈夫不聞不問，沒有協助處理，任由媳婦一個人面

對，甚至落井下石，導致衝突愈演愈烈，那麼婚姻破綻的責任，就是丈夫「可歸責」的成分較大。簡單說，離婚案件，法院審酌的重點是「夫妻」，不是「婆媳」，千萬別搞錯婚姻中的主角。

在家中可以裝監視器嗎？

依《刑法》規定，這涉及妨害祕密罪，也就是無故利用工具或設備窺視、竊聽他人非公開的活動、言論、談話或身體隱私部位，或無故以錄音、照相、錄影或電磁紀錄竊錄他人非公開的活動、言論、談話或身體隱私部位者，處三年以下有期徒刑、拘役或三十萬元以下罰金。此罪為告訴乃論，有六個月的告訴期。

所以，除非有正當理由，否則不可以在家中裝設監視器，這會涉及妨害祕密罪，至於故事中的老太太說「因為家中曾經失竊」，所以才裝置監視器，是否就可以說她沒有「無故」，這就需由法院客觀評價了。

不履行扶養義務可以撤銷贈與嗎？

在談這個撤銷贈與前，我先將關於不孝子女的因應法律，提供讀者參考。

父母子女間互負扶養義務，受扶養權利者，以不能維持生活而無謀生能力者為限，但對於父母不受限於沒有謀生能力的情形。依實務見解，雖不限於「沒有謀生能力」，但仍應限於「父母無財產足以維持生活」的情形。扶養的程度，則按照受扶養權利者的需要，與負扶養義務者的經濟能力及身分而定。

不過，依《民法》規定，法律上也有不肖父母條款。也就是在特殊狀況下，要求子女負擔扶養義務顯然不公平者，可以請求法院減輕扶養義務；情節重大者，也可請求免除扶養義務。例如，對於負扶養義務的子女、他的配偶或直系血親故意虐待、重大侮辱或其他身體、精神上的不法侵害行為；或者對於子女在未成年時候就沒有正當理由不負扶養義務的情形，這些狀況都可以請求法院減輕或免除子女的扶養義務。

此外，對於啃老族，法律上也有「去家權」的規定，依《民法》第一千一百二十八條規定，家長對於已經成年或雖沒有成年但已經結婚的家屬，可以令其由家分離，但以有正當理由為限。實務上很少人使用去家權，不過如不肖子女涉及家庭暴力，也可以運用家庭暴力防治法的「遷出令」及「遠離令」，保障自身權益。

至於可否不盡扶養義務而撤銷贈與？也就是送出去的東西，可不可以收回來？

贈與可以撤銷的情形，大致有幾種常見狀況：

第一種，贈與物的權利沒有移轉前，贈與人得任意撤銷贈與，但經過公證的贈與或為了履行道德上義務所為的贈與，就不可任意撤銷。父母子女間的贈與，雖似可稱之為道德上的贈與，但為避免爭議，建議贈與契約經過公證，較為妥當。

第二種，如果贈與附有負擔者，如贈與人已經交付贈與物，但受贈人卻不履行負擔者，那麼贈與人可請求受贈人履行負擔，或撤銷贈與。實務上常見父母為規畫遺產，所以約定在生前把房產過戶給子女，但要求房產上的租金，繼續交由父母收取，這就是附負擔的贈與。但如果日後子女拒絕把租金交付給父母，那麼父母可以請求交付租金或者撤銷贈與。

第三種，不肖子女條款，也就是對於贈與人、其配偶或者一定關係的親屬有故意侵害的行為，並且觸犯刑法規定的行為，或者對於贈與人有扶養義務而不履行的情形，這些狀況都可以撤銷。但要注意的是，這項撤銷權，自知道有撤銷的原因起一年內不行使而消滅，或對受贈人已經表達宥恕，也是不可再主張撤銷。

所以不盡扶養義務，確實可以主張撤銷，至於故事中老太太可否撤銷贈與志文的房產，那就回到志文是否算不盡扶養義務的判斷。老太太已經有相當的財產足以維持生活，而且志文把父母贈與給自己的房子留給老太太繼續居住，老太太是否可以主張撤銷贈與，還是有爭議的。

那麼，老太太可否主張刑法上的遺棄罪？依法律規定遺棄罪，對於有扶養義務的「無自救力之人」遺棄者，處六個月以上、五年以下有期徒刑，因而致人於死者，處無期徒刑或七年以上有期徒刑；致重傷者，處三年以上、十年以下有期徒刑。不過，老太太並非「無自救力」的狀態，所以不至於構成遺棄罪。

此外，對於不肖子女的處置，還有喪失繼承權的規定，諸如對於被繼承人有重大侮辱或虐待，經過被繼承人表示不得繼承的情形。

雖然在此提醒很多不孝子女的相關法律常識，但我還是認為志文並沒有到不肖子女的程度。

最後提醒老人的法律權益：

首先，如有因精神障礙或其他心智缺陷，以致不能為意思表示或受意思表示，或不能辨識意思表示的效果，本人、配偶、四親等內的親屬、最近一年有同居事實的其他親屬、檢察官、主管機關或社會福利機構，得聲請法院為「監護宣告」，並選定監護人，為受監護宣告人代為行使法律權益。

倘若只達「顯有不足」的程度，也可聲請法院為「輔助宣告」，選定輔助人，（不損受輔助宣告人涉及對自身特定的重大權益時，例如擔任公司負責人、處分房產等，應經輔助人的同意，）以維護受輔助宣告人權益。

其次，老人家得預立遺囑，遺囑可以處理在不違反繼承人「特留分」的情形下，指定財產分配方式。以故事為例，關於老太太的繼承，丈夫及志文是法定繼承人，兩位的「應繼分」是均分，也就是各二分之一，子女和配偶的特留分為應繼分的二分之一。

另外，丈夫可以主張「剩餘財產差額請求權」，但志文可以主張爸爸對於家庭並沒有給予幫助而請求法院酌減差額請求權比例，老太太也可以預立遺囑，聲明先生有喪失繼承權的情形。

以上僅供讀者參考，還是建議如遇到類似情形，仍需就個案情形諮詢律師，會比較周全。

5

蘆葦——韌性、自尊又自卑的愛

蘆葦生於沼澤、河沿濕地的一種禾木科植物，
圓錐花序，每個小穗有四至七朵小花，屬風媒花，
花謝時會留下殼狀的苞片，稱之為「穎」，穎內有毛，
所以在花謝時因褐色的穎，以致外觀不如芒花亮眼，
或許因為如此，有人說她的花語是「韌性、自尊又自卑」。
愛情與婚姻裡的韌性、自尊又自卑，女人向來詮釋的最淋漓盡致，
為了在自尊與自卑間尋找矛盾與衝突的平衡點，耗盡心力，
宛如沼澤邊蘆葦的韌性。

這是一則透過文獻與專訪尋思前世今生的愛情、婚姻與韌性、
自尊又自卑的故事。

二〇一五年一月七日午時。

來到位於松山區民生東路上相當著名的義大利餐廳，標榜著二十年傳統口味及創新義大利烹調，以時尚與傳承的美味關係做為店家的品牌定位，也是在臺唯一的一家連鎖店。但因堅持使用海外食材以致成本太高等因素，將在一週後結束營業，這家餐廳的定位和宿命，竟與我意圖訪談杜月笙女兒的心情有些巧合。

我試圖探索民初年代的愛情與婚姻觀，帶著前世今生的情懷，不同世代的女性究竟帶來什麼不同的人物與故事，重點是，這不是來自於文獻的體察，而是那年代人物的記憶與感受。

我除了處理一般人的婚姻外，在因緣際會下也處理不少名人的婚姻。看待青幫大老杜月笙與京劇名伶姚玉蘭、黃金榮與林桂生及梅蘭芳與孟小冬的故事，畢竟無法單一用一般人的婚姻經驗，來觀察或詮釋那一代和這一代的愛情及婚姻觀。就如同我也無法用紅樓夢的故事，以古觀今地說著兩代人的愛情故事。總之，用傳統與時尚的觀點切入杜月笙與姚玉蘭的愛情與婚姻，是我的企圖心。但是如此困難而複雜的事，縱然大量閱讀關於杜月笙的資訊，畢竟是稗官野史，說法不一，我無法考察，也不想把這篇故事投注在求證，因此我終是決定，便是佐以文獻，並簡單而誠實的記錄與描繪這次訪談。

於是，我帶著興奮卻也忐忑的心情，見到杜月笙女兒杜美如和女婿蒯松茂。

雖然杜女士和蒯先生已是八十五、八十六歲高齡了，但從外貌上，我真看不出來兩位的年齡。

來到餐廳，老夫婦已坐在餐廳一角。昏暗的燈光，老先生穿著西裝，如紳士般的端坐在位置上，老太太則興奮地與餐廳店長聊天，我有著恍如走入時光隧道來到民初的想像。想到這裡，我就覺得自己矯情的好笑了。

「蒯夫人，您好。」我走到杜女士身邊，她開心地起身，我躬身與她握手招呼。

「賴律師，好高興看到妳，今天為了來看妳，還特地刷了臉。」杜女士帶著小女孩般的天真與活潑，一股腦兒地說出自己雀躍的心情。

我有些受寵若驚，倘若我再細心點，第一時間應該就會觀察到杜女士穿著粉紅色的外套和露到膝蓋以上的短裙了。

半晌，我轉頭向老先生點頭問候。

「賴律師，久仰了，因中風沒辦法起身。」

蒯先生雖因歲月洗禮而有了風霜，卻仍保有飛行官的俊挺，也依然留有昔日約旦大使館軍事參贊的身影，讓我不禁帶著敬意，躬身點頭致意。

隨後我坐在蒯夫人旁邊，蒯先生則坐在對面。服務生端上餐廳剛出爐的麵包，並給了碟拌著醋醬的橄欖油。我瞥了一眼，猶豫著先訪談蒯夫人呢？還是享用我最愛吃的麵包？

「蒯媽媽，我想訪談關於您父母杜月笙和姚玉蘭的故事。」我乾脆先開口表明心意。然後，像個饞鬼似地伸手拿起剛出爐的麵包，沾著醋醬，迫不及待地放到嘴裡，趁杜女士回覆的空檔嚼食麵包。

「當然好啊。」她笑嘻嘻地說。她看到我嚼著麵包，一臉驚豔狀，「怎麼樣？好吃吧！妳瞧他們廚房，還看得到烤爐呢。」

我轉頭看廚房，用著玻璃帷幕相隔，讓客人一目了然，這分設計讓客人對桌上料理有著莫名的參與感。

傳奇女子之一・姚玉蘭的愛情與婚姻觀

「蒯媽媽，我真不明白姚玉蘭已經是京劇名伶了，追求的人應該多得是，做啥還要嫁給一個前面已經有了三個老婆的杜月笙？她真愛杜月笙嗎？」我像個饞貓似的一口接一口的吃，邊丟出一個以現代女性角度看不明白的事。

「外祖母小蘭英很凶，是有名的京劇家，外祖父是梆子青衣姚長海（藝名一斗金），但去世的早，帶著兩個女兒姚玉蘭和姚玉英，還有盧燕的媽媽李桂芬。媽媽（姚玉蘭）很怕小蘭英，所以當爸爸求娶時，媽媽就想嫁了也是好的。」杜女士不假思索地回應，然後開心地從皮包內翻出當年她和盧燕的照片，與我分享著當年的往事。盧燕是一位活耀於中國、香港、臺灣及美國的演員和製作人，曾獲三次金馬獎，還擅長於京劇和崑曲。

服務生又端出兩盤沙拉，一盤是凱薩沙拉，盤中裝有蘿蔓生菜拌著帕馬森起司和大蒜麵包丁。另一盤則是鮮蝦溫菠菜沙拉，裡頭除了菠菜葉外，還拌著兩頭尖尖的義大利米粒、義式火腿和松子，蒯先生和夫人極力推薦這道沙拉。

因為他們兩位曾在一九七六年到了約旦開曼開設餐廳，在當地相當著名，相信他們對美食自有專業的品味。於是我當下先擱下訪談的心思，受不住美食的誘惑，先品嘗這兩道沙拉。說真的，我至今無法理解那道菠菜沙拉怎會沒有一般菠菜那股濃濃的青澀味，相反地，非常溫潤滑口。而那義大利米粒，細細小小的，若非蒯先生解釋，我壓根看不出來那是米粒，而誤認為是另一種松子品種，那種口感幾乎是無可取代的風味。

「當年杜月笙如何看上姚玉蘭呢？」享用美食後，我還是好奇著這對傳奇愛情。

「哼，杜老爺愛美人，這哪有稀奇的，媽媽當時是北京名伶，和妹妹姚玉英一起到了上海唱戲，杜老爺愛看戲，看中了媽媽姚玉蘭，請黃金榮媳婦李志清做媒。當時小蘭英說，要娶姚玉蘭，就要明媒正娶。當時杜老爺子有三個老婆，我們從杜公館住的位置分辨稱呼，例如大太太住前樓，我們稱她前樓媽，二太和三太，我們就稱她們二樓媽和三樓媽。當時二樓媽和三樓媽聯手欺負前樓媽，所以前樓媽就把婚書給了姚玉蘭當做結婚禮，讓杜老爺子明媒正娶的把姚玉蘭娶進門，但不住杜公館，另外住。」

杜月笙是真愛美人，在女兒杜美如眼裡就是收集美色，沒娶進門的都還沒算盡，杜月笙就有五個太太，大太太沈月英、二太太陳幗英、三太太孫珮豪、四太太姚玉蘭及五太太孟小冬。

據杜美如女士的說法，「前樓媽和二樓媽是堂子裡的千金小姐。」我聽不懂什麼是堂子。蒯先生笑稱：「舊時蘇州和上海一帶的妓女戶，就稱堂子。」杜女士補充說：「她們家裡雖開堂子，但她們是清清白白的小姐。三樓媽是紅牌小姐，只有姚玉蘭和孟小冬兩位是京劇名伶了。」

至於她所提杜月笙找黃金榮媳婦李志清做媒這件事，就必須提到黃金榮和杜月笙的關係。杜月笙有「上海皇帝」之稱，當年杜先生得到上海法租界素有華探長頭目、黑社會青幫大亨的黃金榮賞識。一九二五年杜月笙和黃金榮，與另一名青幫名人張嘯林開設三鑫公司，壟斷毒品買賣，併稱上海灘三大亨。三人藉由這家公司在上海的權勢有了彼長我消的發展，杜月笙漸漸取代黃金榮在上海的主要勢力，這又是另一段黑幫的故事了。

傳奇女子之二・林桂生的愛情與婚姻觀

我對黃金榮的結髮妻林桂生相當好奇，在野史的形容中，她是一名有今世無前生的女人，二十幾歲就有相當高的名聲，是一名極有膽識的煙花女子，性格既強悍又有柔弱的美麗，處世霸氣，眼光相當毒辣，她既看出當時為法租界巡捕房的華捕便衣黃金榮的野心勃勃，也看出杜月笙的潛力，把當年籍籍無名的杜月笙舉薦給黃金榮，號稱清末十大女流氓之一，也就是青幫十姊妹之一員。一九〇一年黃金榮入贅林家上門女婿，林桂生為黃金榮謀畫著黑社會組織，對於黃金榮在上海的崛起，有著功不可沒的功勞。但縱使如此，黃金榮在感情上依然背叛了林桂生。

當年林桂生在未與黃金榮結婚前，出身於上海南市區一枝春街「煙花間」，有個貼身侍女李志清一直跟著林桂生，長相清秀靈巧，情同母女，林桂生把她帶在身旁，並嫁給所領養的兒子福寶，福寶又名「鈞培」，這也就是獨門獨院的黃公寓稱之為「鈞培里」的原因。但養子去世的早，不到二十歲就離世，李志清成了寡婦，但自始未改嫁，卻傳出了與公公黃金榮不倫的醜聞。

林桂生受到雙重背叛，一個是她付出全部感情和心力的丈夫，一個是她視如己出的女兒。至此，林桂生寒了心，不再過問黃金榮的事業，守著家門，偶爾看看戲。但黃金榮再度背叛，愛上了「共舞臺」的京劇名伶露蘭春，黃金榮比露蘭春長了三十幾歲，他力捧露蘭春，讓她成為共舞臺的臺柱。

野史中提到浙江督軍盧永祥的兒子盧筱嘉，人稱民初四公子之一，也愛看戲，特地到共舞臺看露蘭春，並想與她共度春宵，但遭露蘭春拒絕，因此怨懟在心。在一次看戲的機會裡，藉著露蘭春在臺上唱錯一段戲文，故意在臺下喝倒彩，讓黃金榮十分不悅，命令保鑣給了盧筱嘉教訓，兩人因此結怨，幾天後便發生了上海灘的「跌霸」事件。盧筱嘉帶了十幾民便衣軍警，拿著槍枝抵著黃金榮腦袋，押走了他，之後結髮妻林桂生和杜月笙多方周旋，才讓盧筱嘉放了黃金榮。

未料黃金榮在那事件後，更動了納露蘭春為妾的念頭。露蘭春當年才二十四歲，沒想到素日稱為「公公」的黃金榮竟對她動了納妾的想法，但又不敵黃金榮的勢力，於是故意提出了明媒正娶的要求，甚至要求接手林桂生的財務大權，想讓黃金榮打退堂鼓，也或許刻意激怒林桂生，讓她阻止黃金榮納她為妾，怎知黃金榮一口應允。黃金榮和林桂生為了納妾的事爭執不休，據聞還摔了林桂生耳光，林桂生心灰意冷，為他打下江山的恩情，竟因一個女人而化為烏有。她個性本不是糾纏的女人，拿了幾萬元的贍養費，把原有家產「鈞培里」留給黃金榮，便瀟灑離開了這段婚姻。

林桂生離開黃金榮後，杜月笙協助她找了西摩路一處住所，頤養天年。當年上海灘的人多數認為黃金榮竟拋棄了在黑道上有相同地位，且竭盡所能為他打下十里洋場江山的妻子，頗不以為然，但林桂生不曾再多抱怨黃金榮或多提曾為杜月笙恩人的點滴，清冽孤傲地過完一生。

露蘭春在一九二二年與黃金榮結婚後，藝術生命中斷，登臺演出漸少，三年後，一九二五年便離開了再度與盛家七太太傳出醜聞的黃金榮，之後改嫁給當年上海顏料業富商薛寶潤二兒子薛桓，兩人感情甚篤，讓露蘭春初嘗愛情滋味，她在一九三六年去世。

一九四九年上海解放後，已然八十一歲的黃金榮選擇留在上海，杜月笙則遠走香港。一九五一年共產黨展開鎮壓反革命運動，在《文滙報》和《新聞報》上刊登白白書，表示願意悔過、洗清個人歷史上汙點，重新做人，報紙還刊登了他掃馬路的照片，引起轟動，一九五三年病逝於上海。當時杜月笙從報紙上看到黃金榮掃馬路時，也慶幸著當年決定離開上海到香港。

雖然黃金榮、林桂生和露蘭春事件鬧得沸沸揚揚，但黃家大少奶奶李志清卻是妥當地掌管黃公寓所有事務，人稱「內當家」。對內掌管著黃金榮的財務，這包括他的戲院，對外還要應付幫派、政商界的巨頭，是個相當有手腕的女人。一九二一年，當小蘭英帶著姚玉蘭和姚玉英這對姊妹到黃金大舞臺登臺演出，李志清因業務關係和這對母女三人成為閨中密友。

所以杜月笙想求娶從北京來到上海大舞臺的京劇名伶姚玉蘭，自是透過李志清牽線。李志清笑稱她和婆婆林桂生都替這個「杜家叔叔」做媒，林桂生為他和大太太沈月英做媒，如今又替他和姚玉蘭做媒。由於杜月笙相當迷戀姚玉蘭，為表示誠意，向李志清堅決表示，他一定會和姚玉蘭白頭偕老，且絕對不把她當做偏房。

小蘭英對於杜月笙求娶女兒的事，開出兩個條件，一是公開宴客成親，二是不與前面三位太太住在杜公館。杜月笙聽到後，自是一口應允。一九二八年，杜月笙與姚玉蘭結婚，他履行承諾，另外建一所新房給姚玉蘭。婚後姚玉蘭也就不再演戲，偶爾在家裡排戲吊嗓，排解戲癮。婚後一年，姚玉蘭生了女兒杜美如，杜月笙非常開心，視為掌上明珠，在杜美如滿月當天，在杜公館大宴親朋好友，還演出「堂會」。所謂堂會，就是舊時戲曲界在社交當中的一種演出形式，為一種社交應酬。當時杜月笙為女兒杜美如開了彌月堂會，由梅蘭芳、馬連良聯合演出，張學良夫人于鳳至都到場祝賀。

愛情裡的自尊與自卑

「蒯媽媽，我非常不明白姚玉蘭為何把自己義結金蘭的孟小冬，推給了自己的老公當五太太？她不恨孟小冬嗎？」我來餐廳之前已然把杜月笙的野史做了一番功課，所以杜美如女士提到了李志清做媒這件事，我自然有些了解，但對於姚玉蘭和孟小冬、杜月笙三人之間的關係，相當困惑，女人究竟是帶著什麼樣的心思，才能容得閨密與自己共享一個老公，前面三個太太也就罷了，但孟小冬是她情同姊妹的好友，這點我著實無法理解。

「媽媽說，反正他也不是她一個人的丈夫。」杜女士很直接的回應這個問題。但我還是「想像」姚玉蘭應該有些不甘吧。雖說她不是杜月笙唯一的太太，但杜月笙只帶著她來到香港，可沒把前面三個太太帶在身邊，所以姚玉蘭把孟小冬帶到香港，還讓杜月笙娶了孟小冬，這是什麼樣的心思？

於是，我又不死心地問：「我看到一個說法是，因為二太太和三太太聯手排擠她，所以她就拉攏自己的姊妹孟小冬入門，是這樣嗎？」

蒯先生聽到我的說法後，附和的說：「不無可能。」但坦言之，二太和三太天高皇帝遠，姚玉蘭又是獨寵，三位太太應該威脅不了姚玉蘭在杜家的地位，她又哪需聯盟孟小冬呢？杜女士則不認同這個說法，「媽媽就只是希望讓老爺子開心，人才會長壽些。」

「蒯媽媽，妳都怎麼稱呼孟小冬呢？」因此我試圖從姚玉蘭的子女反應判斷姚玉蘭的心態。

「媽咪！孟小冬入門的時候，我們這些孩子都磕過頭。」杜女士很輕快地回答。

「那姚玉蘭發現孟小冬和老公的關係，並且把她娶進門當五太太，她和孟小冬的關係依然是情同姊妹嗎？」

「她對孟小冬的好，都比對我們這些孩子還好呢。」杜女士回憶了一下後做出這個評價，這點讓我還是很困惑。

「媽媽當時看到孟小冬為了梅蘭芳如此傷心，還要求杜月笙幫忙處理。」杜女士從這件事強調了姚玉蘭與孟小冬之間的姊妹感情。

孟小冬和梅蘭芳一段感情，當時在媒體鬧得轟轟烈烈，說到這件事，杜女士又說了：「章子怡把孟小冬演得真像！」她說的是二〇〇八年黎明和章子怡合演、由陳凱歌導演的電影《梅蘭芳》。

此時，蒯先生從餐桌那頭遞上窯烤薄片披薩給我。我馬上被這披薩吸引，讓我憶起幾年前某夜搭纜車上了香港太平山，擱在心上的，不是那櫛比鱗次的大樓或炫耀著繁華的夜景，而是在寒冷的夜裡坐在義大利餐廳內吃著剛出爐窯烤披薩的感受，那散發窯烤香味的脆皮薄片襯著濃濃乳酪香的餡料，如今回想，滿口盈香的舌尖記憶，還歷歷在目。

因此，我對於這家標榜來自義大利當地食材餐廳所窯烤的薄片披薩，有著高度期待，在意的不是上頭的鮮蝦、培根餡料，而是多種食材融合在濃郁乳酪和香料的風味，是否足以匹配用窯烤逼出的麵粉香氣，勾引出那分彷彿在高山寒風中吃著熱騰騰麵包的渴望，就宛如《小天使》卡通中，小蓮隨著爺爺居住在阿爾卑斯山上的小木屋中，當冷颼颼的寒風把樹葉吹得颯颯做響時，小蓮和聖伯納犬來福守著爺爺烤乳酪的畫面，那是一種聞得到的畫面和記憶。

所以當我咬上一口披薩時，我的心思和記憶已經百轉千回，一會兒是香港太平山，一會兒是阿爾卑斯山，我必須承認這口披薩還不到取代那些記憶，不足以成為那些記憶的回音，但絕對撫慰了舌尖上的回憶，我嘆了口氣，就如同按摩師雙手搭上了僵硬肩膀的瞬間，你會不經意地嘆出的那口氣一樣。

或許是我的表情愉悅了這對老夫婦，蒯先生的話匣子也打開了，笑著說：「賴律師，今天如果孟姨和姚玉蘭同時在妳面前，妳一定喜歡孟姨，她非常能言善道，把一件小小的事說得活靈活現的。」杜女士又接著補充：「姚玉蘭個性很拘謹，不愛說話，但只要孟小冬在，就很活潑熱鬧，沒有冷場的時候，所以杜月笙和姚玉蘭都很喜歡她。」

杜女士很開心的分享孟小冬的事，她提到孟小冬有次在北平演出，睡前竟然遇到靈異事件。「她說躺在床上時，低頭看見床邊一雙人黑頭鞋，一抬眼，便見一個男人滿口白牙，她嚇死了，這可是真真切切的事。」杜女士邊說邊擺出齜牙裂嘴的模樣。我噗哧一笑，心想杜女士真是可愛，孟姨都到另一個世界了，這頭遇見靈異，又哪是稀奇的事啊。

杜女士看到靈異故事似乎無法引起我的共鳴，又跟我說了一個大八卦，似乎非要我露出驚訝的模樣，才能滿足她聊天的樂趣。「孟小冬離開梅蘭芳時，我還小，有一晚，走到房門外，偷聽到媽媽和孟小冬房內的談話，孟小冬說曾經有個算命的說，她跟一個男人不能超過十八個月。」

於是，杜女士成功的在我臉上看到驚訝的表情了。姑且不論命理師所說的內容，至少從這段對話裡可以看出孟小冬對於自己與梅蘭芳坎坷的愛情之路，顯然深受打擊，否則斷不會把算命之言當成自己的宿命，以求慰撫。

傳奇女子之三．孟小冬的愛情與婚姻觀

對孟小冬的印象，就是電影章子怡和黎明主演的梅蘭芳這齣戲了。

孟小冬出生於梨園世家，是京劇著名的老生，有「冬皇」之稱。她和梅蘭芳的戀

情，據一位研究梅蘭芳的專家、也是一名律師的李伶伶的說法，「梅孟之戀是由戲生情，因情入戲，成就一段民國絕戀。」

梅蘭芳同樣出身於梨園世家，一九一三年在上海演出《穆柯寨》而一舉成名，一九一九年首度到日本演出，當時曾有評論「有此雙手，其餘女人的手盡可剁去。」當年他與程硯秋、尚小雲、荀慧生並稱四大名旦，他紅的程度，據李律師形容：「當年梅蘭芳的出場費是天價。」有著「南北第一著名青衣兼花旦的美稱」，演出廣告中盛讚他「貌如子都，聲如鶴唳」。相反地，孟小冬則是京劇著名的老生，嗓音蒼勁醇厚，她與梅蘭芳剛好陰陽角色顛倒，戲迷們莫不期待兩位首席一起唱「對兒戲」。所謂對兒戲，也就是指兩人在戲中飾演分量不相上下的人物。

一九二五年，兩人終於在戲迷的殷殷期盼下合作演出《四郎探母》，隔年合演《遊龍戲鳳》，兩人顛鸞倒鳳，轟動劇壇，讓所有的戲迷們莫不期待他們倆是一對佳偶。據說，他們倆確實因此互生愛慕，梅黨有意撮合，但梅蘭芳當年有兩位平妻王明華和福芝芳，梅黨建議梅蘭芳金屋藏嬌。

一九二六年，《北洋畫報》刊登兩人身著戲裝和旗袍的照片，分別寫著「將娶孟小冬之梅蘭芳」、「將嫁梅蘭芳之孟小冬」。一九二七年，兩人在媒人的見證下成婚，但梅蘭芳的平妻福芝芳不認這段婚姻。

一九二七年九月，在梅宅發生了一件血案。一名自稱為孟小冬未婚夫的粉絲企圖刺殺梅蘭芳，卻導致《大陸晚報》經理張漢舉被殺身亡，而那名粉絲也當場被後來趕到的軍警槍殺身亡。這場血案引發流言蜚語，據稱梅蘭芳因該事件與孟小冬漸漸疏遠。

杜女士聊起這段往事，她說：「我記得那是一位大學生，他死亡後，孟小冬睡覺時，總說有個影子坐在她床邊，所以從不單獨一個人睡覺，總要我或媽媽陪她，不然就找佣人陪她睡。」聽到這裡，我不禁起了雞皮疙瘩。

因福芝芳的原因，孟小冬始終進不了梅家，這始終是孟小冬的心結。一九三〇年梅蘭芳的大伯母去世，依習俗梅家媳婦應該都要披麻帶孝接待賓客弔唁，因此孟小冬就剪了短髮，帶朵白花來到梅宅，以此宣示自己是梅家媳婦的身分，但被福芝芳命下人把「孟小姐」擋在門口，引起了紛爭。關於是不是梅家媳婦，關鍵的是梅蘭芳的態度，很遺憾的是，梅蘭芳叫孟小冬回去，沒讓她進梅宅守孝，這件事徹底傷了孟小冬的心，孟小冬一氣之下離開梅家，並提出離婚，在《天津大公報》上刊登離婚啟事，留了兩句話給梅蘭芳，「以後要演戲，要比你梅蘭芳好，要嫁人，我要嫁一個一跺腳，地都要跟著顫，他絕不比你差。」那時的孟小冬才二十四歲。

孟小冬在離開梅蘭芳後，據野史說她一度絕食、皈依佛門，讓眾人都認為她將一蹶不振時，堅毅的孟小冬竟出乎意料的，一九三八年以一介巨星的身分重新拜師學藝，向藝術泰斗余叔岩拜師，成為余門唯一弟子。

一九四七年，杜月笙六十大壽，以賑災名義邀請南北京劇名角在上海義務唱戲，當時上海中國大戲院盛況空前，所有的人全關心著孟小冬和梅蘭芳是否在闊別多年後同臺演出。但十天戲，孟小冬只演兩場《搜孤救孤》，孟小冬在演出前公開表示這是她最後一次唱戲，引起譁然，眾人搶票。兩人並未同臺也未碰面，據說梅蘭芳守在家裡從廣播中聽孟小冬唱戲。之後孟小冬正式退隱，不再登臺演出。

一九四九年，孟小冬在杜月笙及姚玉蘭的邀請下，一起來到香港並住進杜公館。一九五〇年，與杜月笙結婚，但隔年一九五一年八月十六日杜月笙病逝香港，享年六十三歲。之後，孟小冬於一九六七年，再度在姚玉蘭的邀請下，自香港遷居臺灣，一九七七年病逝臺北，享年六十九歲。

坦言之，透過杜美如的訪談，回望林桂生、露蘭春、李志清、孟小冬及姚玉蘭這五位女人的愛情故事，我不禁暗嘆鏡花水月，花起花落，絢爛的人生終成墳土荒草，轟轟烈烈又如何？傳奇又如何？

在這些故事中，我竟生男人有情有義，是對著自己的弟兄，女人的有情有義，則是對著自己的親密愛人之慨。林桂生耗盡年華扶持老公黃金榮打下江山，並未換來情義的對待，縱使不論男女之情，或論夫妻之誼，竟是連袍澤之義都無。在黃金榮選擇為露蘭春背叛髮妻時，林桂生轉身離去的身影，如此瀟灑卻也如此悲涼，雖是出身煙花之地，但身段盡是豪氣干雲的江湖女子，真是令人欽佩。

在這五位女子中，我最欣賞孟小冬，並非她的兩個叱吒風雲的男人梅蘭芳和杜月笙，而是她那身傲骨與堅毅，令人折服。她雖出身梨園世家，但靠一己之力闖蕩戲壇，年紀輕輕即因扮演老生而有冬皇的美譽。若以現代演藝圈觀點，孟小冬真是聰明，少女之姿扮演老生，陰陽顛倒、年齡反差，在戲壇上就是話題，必然脫穎而出。

但孟小冬與梅蘭芳的這段情，我沒看明白的是，究竟她真的愛上了梅蘭芳，或是少女對愛的憧憬？還是整個社會氛圍推波助瀾的結果，讓她也迷惑了心？戲迷對梅蘭芳和孟小冬的想像，或者是孟小冬自己對梅蘭芳的想像，都是非常浪漫的畫面。想想，《遊龍戲鳳》裡的正德皇帝和鳳姐間的調情，多麼挑逗人心，誰不期待他們修成正果？就像《步步驚心》這齣戲的四爺雍正皇帝和陳若曦，當扮演這兩角的吳奇隆和劉詩詩宣布戀情時，「步步驚心」的戲迷奔相走告，舉杯同慶，一時之間媒體版面紛紛大肆報導這件喜事，或者說，就如同五、六年級生的戲迷盼著瓊瑤戲裡秦漢和林青霞成為佳偶的情境是一樣的。

說真的，就連我現在稍稍想像梅蘭芳和孟小冬顛鸞倒鳳地演出《遊龍戲鳳》時，內心就想興奮的大喊：「在一起、在一起、在一起！」那就像期盼著中華少棒將要結束球賽前一刻，全場滿壘，憋著氣期盼著擊出那支奔回本壘板的全壘打一樣的心情，就是在電視機前大喊：「全壘打、全壘打！」所以當梅蘭芳和孟小冬果真修得正果，眾望所歸時，就如同真的全壘打的那一刻心情，簡單說，就是瘋了。

所以看戲的人都有瘋了的心情，戲中人又怎能把持？尤其孟小冬正值菽麥不辨的年紀，又怎可能不迷惑？至於梅蘭芳是否也真愛孟小冬，或者說也暈了。坦言之，我倒不這麼確定，尤其野史提到了梅黨的撮合，還有平妻福芝芳踩煞車的狀況，都讓我懷疑梅蘭芳決定金屋藏嬌，究竟是梅黨權衡利弊得失的結果，還是真愛上了孟小冬。因為據野史所載，梅蘭芳因血案事件引起輿論撻伐，用現代人的說法，負面新聞纏身，以致他與孟小冬漸行漸遠，加上沒讓孟小冬為大伯母守孝這件事，都讓人覺得梅蘭芳絕對沒孟小冬愛得義無反顧。梅蘭芳在愛情裡，有更多「權衡大局」的脈絡，這究竟是梅蘭芳和孟小冬的個性使然，或原來就是兩性對愛情的反應不同，就不得而知了。

至於姚玉蘭的婚姻觀，我認為和孟小冬是極大不同的，孟小冬敢愛敢恨，愛的轟烈，恨的也精彩，尤其那兩句話：「以後要演戲，要比你梅蘭芳好，要嫁人，我要嫁一個一跺腳，地都要跟著顫，他絕不比你差。」還將離婚啟事登報，都看出孟小冬的剛烈性格。反之，姚玉蘭對愛情的態度，顯得溫吞了。或許母親小蘭英家教甚嚴，讓姚玉蘭幾乎沒做過任何出格的事，即便決定是否嫁給杜月笙，可能也只是服從小蘭英的意志，而且就杜美如的說法，可能還是為了逃避嚴厲的媽媽，因此姚玉蘭嫁給杜月笙這件事，似乎並無太多情愛，至少不是孟小冬愛梅蘭芳的方式。婚姻對姚玉蘭而言，便只是「搬家」而已，杜月笙是一位能庇護她，也是為她遮風避雨的依靠，這便能解釋她為何願意撮合姊妹孟小冬和自己老公，因為杜月笙就是家，他能庇蔭自己，自然也能給自己的姊妹孟小冬一屋半瓦。當然，姚玉蘭是真喜愛孟小冬，才願意為她謀畫著歸宿，更別說杜月笙也戀著孟小冬，因此姚玉蘭的撮合和成全，也符合姚玉蘭的服從性格，簡單說，就是一位賢淑大度的妻子。

我覺得比較有趣的是，無論是姚玉蘭、孟小冬，或露蘭春，都在結婚後中斷了演藝之路，這與現代女星結婚後多數息影的現象相仿，例如彭雪芬、林鳳嬌、張清芳或鳳飛飛等。究竟是婚姻不允許女人繼續拋頭露臉，還是什麼特殊考量，令人玩味。

杜月笙的遺憾和遺言

外界流傳很多杜月笙的名言，我好奇地問杜女士，她笑著說：「爸爸曾說，人就像菜一樣，第一是好吃、好看，第二是好吃、不好看，第三是好看、不好吃，四是不好看又不好吃。」她想了想，接著說：「印象深刻的，爸爸還說過人有三碗『面』，體面、情面和場面。」

此時，一個服務生端來一杯拿鐵咖啡和甜點，我嘗了幾口後，心思還是滯留在民初的故事，無法擱下。「蒯媽媽，杜老爺子在一九五一年八月去世，去世前有無交代什麼？」

我非常好奇這位曾經叱吒風雲的黑道人物，在此生究竟最惦記的會是什麼？女人？小孩？還是什麼？

「去世前一天，也就是八月十五日，有幾位政壇上的朋友來探望他，朋友在床邊告訴他，蔣總統帶信叫你要好好休養，會有希望的，杜月笙便回答他：『我沒希望了，你們還有希望，中國還有希望。』當時我在旁邊就聽到爸爸這麼說。」杜女士很平靜的回憶。

提到蔣先生，我一直困惑杜先生在國共間的選擇。「蒯媽媽，杜月笙為何不回上海，也不來臺灣呢？」

「他想回去上海，周恩來曾託人傳話，請他回大陸，他沒馬上答應。他們走了後，爸爸叫我陪他去看海，他沒說話，就這樣望了兩個鐘頭。」杜女士回憶著。「他回來後就發燒，喘得更厲害了。」

「當時周恩來所託的人，又找了《新聞報》總編錢新之（即錢永銘），希望錢新之幫忙說服杜月笙，當時錢新之寫了兩封信，一封給周恩來，信裡允諾會帶杜月笙回上海，另一封則給蔣介石，表明了他與杜月笙對蔣先生的不二心，但在喝醉情形下裝錯了信封，把給周恩來的信放到蔣介石的信封裡，把給蔣介石的信放在周恩來的信封裡。據說蔣介石看到了杜月笙有回歸上海的意思，非常生氣。後來杜月笙知道放錯信的事，認為裡外不是人，心想兩邊的人大概都誤會他，因此大陸或臺灣，他哪裡也不能去了。」

杜女士提到這個往事，讓我非常驚訝，野史確實記載一九四九年蔣介石希望杜月笙來臺，而共產黨也透過祕密管道見杜月笙，最後杜月笙決定留在香港。但從杜女士的說法，這個決定的背後原因竟是錯置信封的烏龍？實在不可思議，我寧可猜測杜月笙恐是遭到設計或另有隱情，更符合國共間政治權謀的戲碼。

杜月笙和蔣介石間從抗日到國共的恩怨，以及他與戴笠之間的故事，又是另一個政治故事，野史記錄很多，我沒太大興趣深究，只是邊喝著咖啡邊又和這對老夫婦聊聊張學良遭到軟禁事件，以及蔣宋美齡當年西安事件營救蔣介石的往事。

「蔣夫人在爸爸去世後，打電話給媽媽，讓媽媽和我們姊弟一起來臺定居。媽媽就把爸爸靈柩移回臺灣。」杜女士談到蔣夫人對她的疼愛，依然流露出孺慕之情。

「民間很多傳言，對蔣夫人非常不公平。當年她到美國國會演講時，感動了美國協助抗日，她真是了不起！」此時年已八十六歲的蒯先生聲音嘶啞，竟是哽咽的道出那段往事，他所說的是一九四三年蔣夫人親赴美國國會那場相當轟動的演說。

「我和老婆到美國看蔣夫人時，她的家非常簡約，很小，就只有幾名隨扈而已。但外界傳言說她奢華，這說法對她真不公平！」蒯先生有些激動地說。

「你做啥啦！」杜女士大概擔心蒯先生身體，適時阻止他的情緒，因此我便中斷了這個話題。

「我有一點不明白，杜月笙去世後怎麼沒多少遺產？」我認為這件事相當不合理，因為杜月笙稱霸於上海，不只是青幫的名號而已，而是他橫跨政商的勢力，就如孟小冬所形容「腳一跺，地就顫」的人物，當初前往香港，也不是逃難，共產黨都開出不捕不殺的承諾，還端出黃金榮為例，所以杜月笙從上海來到香港，便只是一個遷居的決定而已，怎會沒帶走在上海的資產？

「賴律師，難道你不知道杜月笙最有名的是什麼嗎？」蒯先生笑吟吟地看著我。我搖了搖頭。「一個人，人在錢在；人不在，錢不在。杜月笙的錢在嘴裡，當年蔣介石需要錢買軍火，就靠他一句話，銀行就準備錢給蔣介石了。」蒯先生解釋著杜月笙的處事方式。

「我親眼見他在臨終前把所有借據都給撕了，他說他不要看到自己去世後，子女去向人四處討債。他留十一萬美元，每個太太一萬美元，兒子一萬美元，沒出嫁女兒六千美元，出嫁的女兒拿四千美元。」杜女士回憶著當時的狀況，更印證了杜月笙那句「人在錢在；人不在，錢不在」的人生觀。

坦言之，以一個執業二十幾年的家事律師而言，我非常認同他，他讓後代免了一場爭產的紛爭，是一個非常有智慧又大器的真人物。

我必須說，杜月笙一生爭議，但在那年代，絕對是上海灘最富傳奇的人物之一。

幾個鐘頭的聚餐後，我和杜女士及蒯先生道別，並相約再去他們淡水住處拜訪。此時杜女士起身，我才注意到她穿著短裙。「蒯媽媽，從後頭看，您簡直像一個年輕的小姐啊。」

她笑嘻嘻地把裙子往上撩，「我以前穿得更短呢，像這麼短。」

然後見蒯先生邊拄著枴杖往前走，我目送著兩位老人家上計程車，兩位老人家笑吟吟地與我揮手道別，我像個小孩般的用力揮手，彷彿只有這般誇張的動作，才可以讓他們兩位老人家感受到我對他們的尊重與喜愛。

他們就是歷史，我想我會再去拜訪他們。

（註：再次感謝杜女士接受我的專訪，這是她接受知名作家余秋雨先生專訪後，我是第二個人，這真是我的榮幸。而我也必須再次強調，有些文獻或野史記錄，多為杜女士出生前的事，她謙稱記憶或求證不盡周全，所以僅供我描述傳奇女子姚玉蘭、孟小冬及林桂生背景資料參考。）

附錄

結婚登記書
離婚協議書
現代婦女基金會製作婚姻契約書
律州聯合法律事務所家事部門製作未成年子女權利義務行使或負擔建議書

RLRP1233　　戶 003

夫原戶號 妻原戶號	# 結婚登記申請書	本冊申請書之順序編號

結婚當事人	夫	姓名		國民身分證統一編號			
		出生日期	年　月　日	原住民身分及族別		與戶長關係	
		外籍者	英文姓名				
			(原屬)國籍				
			護照	統一證號		其他證號	
		出生別		婚前婚姻狀況		役別	戶籍現況
		生父姓名				生母姓名	
		養父姓名				養母姓名	
		教育程度		戶長姓名			
		國外地址					
	妻	姓名		國民身分證統一編號			
		出生日期	年　月　日	原住民身分及族別		與戶長關係	
		外籍者	英文姓名				
			(原屬)國籍				
			護照	統一證號		其他證號	
		出生別		婚前婚姻狀況			戶籍現況
		生父姓名				生母姓名	
		養父姓名				養母姓名	
		教育程度		戶長姓名			
		國外地址					

結婚日期	民國　年　月　日	結婚地點	
證人姓名		附繳證件	
記事			

申請日期	民國　年　月　日	當事人是否有民法第981條之情事	夫：　妻：		
申請人	(簽章)	國民身分證統一編號		與當事人之關係	當事人之
受委託人	(簽章)	國民身分證統一編號			
申請人住址					
受委託人住址					
申請書整理 (簽章)	承辦人 (簽章)	審核 (簽章)	主任 (簽章)	民國　年　月　日	村里收件　號

教育程度僅供統計用　　通報序號

3－1233－1

離婚協議書

（本協議書僅供雙方參酌，未簽定前不具法律效力）

立協議書人〇〇〇（以下簡稱男方）
〇〇〇（以下簡稱女方）

茲因雙方個性不合，難再共同生活，經協議離婚，並應以最大誠信約定於後：

一、雙方本於自由意願同意離婚。

二、未成年子女權利義務行使或負擔（即監護權）之約定（註：請參律州聯合法律事務所製作未成年子女權利義務行使或負擔建議書）：

未成年子女〇〇〇（民國〇〇年〇〇月〇〇日生，身分證字號：〇〇〇〇〇〇）、〇〇〇（民國〇〇年〇〇月〇〇日生，身分證字號：〇〇〇〇〇〇）權利義務行使或負擔由雙方共同任之，兩名未成年子女由女方主責照顧並與女方共同生活。

為維護子女最佳利益，上開主責照顧為：共同生活期間，因照護未成年子女所生應即時決定之事項，包括但不限於子女參加課外活動決定、課後輔導、才藝活動、緊急醫療、平安保險、銀行開戶、及海內外短期旅遊等，由主責照顧者單方決定。

三、未成年子女探視權：

男方得在尊重未成年子女之意願並於不妨礙女方及子女之生活作息下如下列所示方式探視子女（註：請參律州聯合法律事務所製作未成年子女權利義務行使或負擔建議書）：

甲、平日探視

㈠於每月第二、四週週五親自前往兩名未成年子女學校接送未成年子女與其會面交往並同宿，於該週週日下午八時將兩名未成年子女送回女方住居所地。

㈡男方應於探視前五日事先通知女方，探視期間所生費用概由男方自行負擔。雙方得另行彈性調整前開探視方式及期間，如無法協商者，依上開原則處理。

乙、除平日探視外，兩名子女之寒暑假期間：

㈠男方得於未成年子女寒假期間（依學校行事曆定之）自第三日上午十時起前往女方住所地接出未成年子女，並與未成年子女連續七日共同生活，於期間屆滿之該日下午八時將未成年子女送回女方住居所地。

㈡男方得於未成年子女暑假期間（依學校行事曆定之）自第三日上午十時起起前往女方住所地接出未成年子女，並與未成年子女連續十四日共同生活期間，於期間屆滿之該日下午八時將未成年子女送回女方住居所地。

㈢雙方各自得利用寒暑假上開共同生活期間，偕同未成年子女海外短期旅遊，但應於十四日前提供他方海外短期旅遊計畫（旅行社、航班、住宿地點），但如有逾越上開任一方與未成年子女原有共同生活期間者（如：男方連續於第一、二週偕同子女海外旅遊者），雙方應另行協商，並則得選擇於下週扣抵原探視期日。協商不成者，仍應遵守前項探視期間之安排。

㈣如雙方三親等內有婚喪喜慶或重大疾病者，雙方得另行協商探視期日，但均得於下週探視期間扣抵。協商不成者，仍應遵守前項探視期間之安排。

丙、上開寒假期間如逢農曆春節期間者，除出國旅遊無法依下列方式會面交往外，其餘優先適用下列安排：

西元奇數年之除夕前一天晚上九點至大年初三下午八時止，未成年子女與女方共同生活。其餘農曆春節期間，即大年初三下午八時以後至初五下午五時，由未成年子女與男方共同生活。偶數年雙方交換之。但均得於下週探視期間扣抵。

清明節、端午節、中秋節等，雙方輪流與未成年子女共同生活，於西元奇數年，與男方共同生活，西元偶數年，則與女方共同生活。但均得於下週探視期間扣抵。

四、子女扶養費，包括但不限於學校學雜費用、制服、才藝費、培訓費、補習費或輔導費用等及其他提升子女身心發展、教育及技能之相關教育費用及生活費等：

㈠男方同意負擔子女學費（包括但不限於學校學雜費用、制服、才藝費、培訓費、進修費、補習費或輔導費用、冬令營、夏令營等及其他提升子女身心發展、教育及技能之相關教育費用）至子女成年止。（註：有些父母協議計算至子女大學畢業之學費）

㈡男方應設立未成年子女未來教育基金。於簽定本協議書○○日內匯入兩名子女下列信託帳戶新台幣○○○萬元（以定存單形式保管，定期自動連利息續存）。該筆教育基金於兩名未成年子女成年後，交由兩名子女自行管理處分。其間任一方未經他方同意者，均不得動用。

給付方式與內容：

男方應於本協議書成立同時，各匯入下列信託帳戶各新台幣○○○萬元。

銀行名稱：　　　銀行名稱：

帳號：　　　帳號：

戶名：〇〇〇　　　　　　戶名：〇〇〇

㈢男方同意於兩名未成年子女成年前，每月支付女方兩名未成年子女生活費共新台幣〇萬元。支付方式：每月五日匯入〇〇銀行、帳號：〇〇〇〇〇、戶名：〇〇〇。如遲誤一期未付者，視為全部到期。（註：有些父母協議按年計付；並特別就定額之扶養費條款公證，約定如未支付者得逕送強制執行）

㈣男方同意於兩名未成年子女成年前支付兩名未成年子女全額醫療費用。

㈤其餘扶養費各自負擔。

五、其他財產上約定

㈠男方同意簽訂本協議書同時支付女方支付新台幣〇〇〇萬元。

㈡雙方各自原有財產及債務各歸其所有，雙方互為拋棄對他方剩餘財產請求權及其他財產上請求權。

㈢雙方各以自己為被保險人所投保之人身保險，保險費用各自負擔。

㈣雙方同意原住所地之傢具、設備等及其他因居住所需之家私歸女方所有。男方應於民國〇〇〇年〇〇月〇〇日遷離原住所地，如於前開期日尚遺有衣物及個人物品者，逕由女方處分處理，並變更鑰匙，男方不得異議。

六、其餘未盡事項，悉依民法相關規定及公平誠信原則處理之。

七、如雙方發生非專屬管轄之紛爭者，雙方合意由臺北地方法院管轄。

八、本協議書乙式三份，由甲乙雙方各持一份，另交由戶政機關保存一份為憑。

立協議書人：

（註：男女雙方均本於自由意志，無任何強暴脅迫等情簽署如後）

男　　方：

出生年月日：

身分證字號：

戶籍地址：

女　　方：

出生年月日：

身分證字號：

戶籍地址：

（註：兩名見證人確實親見親聞雙方有離婚之意思而簽署如後）

見證人：

身分證字號：

戶籍地址：

見證人：

身分證字號：

戶籍地址：

中華民國〇〇〇年〇〇月〇〇日

◎現代婦女基金會製作婚姻契約書

婚姻契約

茲因立約人　　　、　　　情投意合，於簽訂本契約前完成婚前教育課程及婚前健康檢查，爰訂於　年　月　日辦理結婚登記，締結良緣，並本於互信、互敬、互愛、互諒及共創和諧家庭、美滿婚姻之共識下，互為下列約定：

一、夫妻冠姓

立約人同意婚後□保有本姓

□夫冠以妻之姓

□妻冠以夫之姓

二、夫妻住所

立約人同意婚後之夫妻住所地為＿＿＿＿＿＿，如日後有變更住所之必要時，雙方願本於平等原則，另行協議。

三、夫妻財產制

㈠立約人同意婚後之夫妻財產制適用：

□男方本國法

□女方本國法

□＿＿＿＿＿＿住居所地法

㈡立約人同意婚後之夫妻財產制為：

□法定財產制，由夫妻各自管理、使用、收益、處分自己名下財產；於法定財產制消滅時，有夫妻剩餘財產分配請求權。

□約定財產制：

□分別財產制，結人不結財。

□一般共同財產制、財產管理權由＿＿＿＿任之。

□所得共同財產制、財產管理權由＿＿＿＿任之。

立約人並同意於婚後就約定財產制前往管轄法院登記處辦理登記，以生對抗第三人之效力。

㈢除上開約定外，雙方同意於有關夫妻財產制之其他約定如下：

1.就夫名下財產

□買賣價金＿＿＿＿元整

□所為貸款＿＿＿＿元整

□裝修費用＿＿＿＿元整

□不另為請求，視為贈與。

□得於＿＿＿＿時償還。

2.就妻名下財產

□買賣價金＿＿＿＿元整

□所為貸款＿＿＿＿元整

□裝修費用＿＿＿＿元整

□不另為請求，視為贈與。

□得於＿＿＿＿時償還。

3.就 □夫 □妻 家人所為之代償行為

□不另為請求，視為贈與。

□得於＿＿＿＿＿＿時償還。

4.就 □夫 □妻 家人所為之代償行為

□不另為請求，視為贈與。

□得於＿＿＿＿＿＿時償還。

四、家務分工

下列家務事項，立約人雙方同意共同分工並互相協助。

㈠採買日常用品 ㈡煮飯 ㈢洗碗

㈣倒垃圾 ㈤清潔、整理家務 ㈥房屋之修繕

㈦餵乳 ㈧換尿布 ㈨接送子女上下學

㈩寵物飼養 (十一)其他

五、家庭生活費

立約人同意婚後因日常生活中食、衣、住、行、育、樂、醫療、保險所生費用及子女扶養費由：

□夫負擔全部

□妻負擔全部

□夫妻雙方各分擔二分之一。

□夫妻雙方依經濟能力及家事勞務狀況比例分擔，夫負擔＿＿＿＿＿＿，妻負擔＿＿＿＿＿＿。

□其他：＿＿＿＿＿＿

前開款項應於每月五日前直接匯入＿＿＿＿銀行，帳號＿＿＿＿

每月每人之家庭費用不得低於當地平均國民消費支出或新臺幣＿＿＿＿元（每年按物價指數調整）。

如因任一方婚後經濟狀況顯著變更者，得另行協議。

六、白由處分金（零用金）

立約人同意婚後除前開家庭生活費外，由：

□夫每月提供新臺幣＿＿＿＿元供妻自由處分。

□妻每月提供新臺幣＿＿＿＿元供夫自由處分。

如因任一方婚後經濟狀況顯著變更者，得按比例增減自由處分金，並得另行協議。

前開款項每月五日前直接匯入＿＿＿＿，銀行帳號＿＿＿＿

七、子女姓氏

立約人同意雙方所生第一名子女從□父姓、□母姓；第二名子女從□父姓□母姓；第三名子女從□父姓□母姓

八、立約人承諾婚後所生子女權利義務之行使及負擔由雙方共同任之，雙方同意遵守下列之行為：

㈠不得不當體罰、虐待、傷害或操控子女

㈡保證提供子女健全穩定之生活環境

㈢不得唆使子女從事危害健康、危險性工作或欺騙

㈣不得遺棄子女

㈤不得供應子女觀看、閱讀、聽聞或使用有礙身心之電影片、錄影節目帶、照片、出版品、器物或設施

㈥不得剝奪或妨礙子女接受國民教育之機會或非法移送兒童至國外就學
㈦不得強迫、引誘、容留、容認、或媒介子女為猥褻行為或姦淫
㈧不得供應子女毒藥、毒品、麻醉藥品、刀械、槍砲、彈藥或其他危險物品
㈨不得利用子女攝製猥褻或暴力之影片、圖片
㈩不得帶領或誘使子女進入有礙其身心健康之場所
(十一)不得為其他對子女或利用子女犯罪或為不正當之行為

如夫妻對子女權利義務之行使及負擔有不一致之情形，願本於子女最大利益原則協議之。

九、立約人因移民、職業或就學而分居兩地者，在子女最佳利益考量情形下，關於未成年子女之權利義務行使或負擔得授權一方單獨決定之。

十、立約人承諾婚後互負貞操、忠誠義務，如有違反，應給付他方懲罰性違約金＿＿＿＿元整，並視同他方有不履行同居義務之正當理由，得攜子女外出住宿，直至立約人改善為止。

十一、立約人承諾婚後絕對不發生家庭暴力，如有違反，應給付他方懲罰性違約金＿＿＿＿元整並視同他方有不履行同居義務之正當理由，得攜子女外出住宿，直至立約人改善為止。

十二、婚後如遇有難以溝通之情形，雙方願意接受婚姻諮商。

十三、立約人就下列事項已盡告知義務：

□前曾有婚姻關係
□前曾有子女
□需與其他家庭成員同住，成員有：＿＿＿＿＿＿

□前曾有勒戒、前科紀錄
□前曾有或現罹患重大疾病（例如：精神疾病、不能人道……）＿＿＿＿
□負債與財產狀況
□其他
十四、特約事項：
□戒除不良習慣：酗酒、吸毒、賭博……
□其他：
十五、本證書如有未竟事項，雙方同意悉依性別平等，理性和平，互相尊重原則處理。

立約人：
甲　方：
身分證字號：
戶　籍　地：
乙　方：
身分證字號：
戶　籍　地：

中　華　民　國　　　　年　　　　月　　　　日

◎律州聯合法律事務所製作未成年子女權利義務行使或負擔建議書

●法院如何酌定未成年子女監護權？

民法第一〇五五條規定夫妻離婚者，對於未成年子女權利義務之行使或負擔，依協議由一方或雙方共同任之。未為協議或協議不成者，法院得依夫妻之一方、主管機關、社會福利機構或其他利害關係人之請求或依職權酌定之。

前項協議不利於子女者，法院得依主管機關、社會福利機構或其他利害關係人之請求或依職權為子女之利益改定之。行使、負擔權利義務之一方未盡保護教養之義務或對未成年子女有不利之情事者，他方、未成年子女、主管機關、社會福利機構或其他利害關係人得為子女之利益，請求法院改定之。

前三項情形，法院得依請求或依職權，為子女之利益酌定權利義務行使負擔之內容及方法。

法院得依請求或依職權，為未行使或負擔權利義務之一方酌定其與未成年子女會面交往之方式及期間。但其會面交往有妨害子女之利益者，法院得依請求或依職權變更之。

法院監護權酌定之標準：

民法第一〇五五條之一：法院為前條裁判時，應依子女之最佳利益，審酌一切情狀，參考社工人員之訪視報告，尤應注意左列事項：

一子女之年齡、性別、人數及健康情形。

二子女之意願及人格發展之需要。

三父母之年齡、職業、品行、健康情形、經濟能力及生活狀況。

四 父母保護教養子女之意願及態度。

五 父母子女間或未成年子女與其他共同生活之人間之感情狀況。

六 父母之一方是否有妨礙他方對未成年子女與其他共同生活之人間之感情狀況。

七 各族群之傳統習俗、文化及價值觀。

社會局訪視報告之內涵：

社會局訪視報告內容約略可分為：家系圖（指夫妻雙方及其父母兄弟姊妹等之原生家庭及共同生活的家庭成員狀況）、夫或妻之身體狀況及婚姻狀況、夫或妻照顧子女的經驗（親職能力）、環境評估、支援系統（指如夫或妻無法親自照顧子女或有緊急事故時，其協助照顧子女者有多少人，或其可協助的可能性有多少？）、夫或妻監護子女的意願、夫或妻對子女的監護規畫（包含探視規畫）、夫或妻與子女的互動情形（觀察親子依附關係）、子女被監護的意願及經濟能力等，社會局就上開面向觀察向法院提出親職能力及監護計畫可執行性的總評估與建議。

● 實務上常見監護權之判斷

1. 單方監護為原則
2. 幼兒隨母原則：實務上常認為幼兒時期特別需要母親擔任照顧者的角色，但在幼兒七歲以上，在幼兒發展學的觀點，該幼兒會進入所謂的社會運思期，此源於皮亞傑（Jean Piaget）認知發展理論，幼兒在社會運思期將發展「由自我中心觀趨向於社會中心觀」，因此在監護權理論也發展同性別原則，認為即將進入青春期或社會運思期的過程，同性別的父或母可以提供子女更多的協助。

在大馬家庭法律一九七六年法律改革（婚姻與離婚）法令第88(3)條文提出在可反駁的推定下，凡是七歲以下兒童比較適合跟隨母親生活。但法律界曾指控該規定有性別歧視之虞，實際上臺灣司法實務也曾有表示所謂的幼兒隨母原則有性別歧視之嫌。

3. 主要照顧者、維持原有子女依附關係為原則

4. 最大接觸原則或善意父母原則（臺灣臺北地方法院九十九年監字第一九一號）：

近日臺灣某藝人爭取監護權事件，法院採取加拿大離婚法的最大接觸原則，其引用加拿大離婚法第十六、十七條規定，法院應落實子女與父母間儘可能的接觸原則，以符子女最佳利益原則，為符合此原則之目的，法院對於授予監護權利之一方考量其促進此項接觸之意願，該法例認為參考未成年及父母意願，父母離婚後，就監護問題，原則上應使子女與離婚的父母間，有相等之經常接觸交往機會，始符合子女最佳利益原則，最大接觸原則係使每一離婚父母均能提供子女成長、發展不同觀點，對子女之行為能認知、理解，並能提供更多愛護子女的機會。該裁定所引用的最大接觸原則或善良父母原則觀點，與美國部分州所提到的親子疏離症（parental Alienation）有雷同之處，也就是如果父或母讓子女與另一方疏離者，例如未經同意將小孩帶離另一方的父或母，並刻意隔離、或灌輸敵視另一父或母的觀念者，都可能因親子疏離症理論而喪失子女的監護權。

5. 家庭暴力的加害人推定不適任監護：依臺灣家庭暴力防治法規定，家庭暴力加害人推定不適任監護。

● 雙方狀況

家系圖	
個人背景與現況	年紀／學歷／國籍／居住地點等 準備下列資料： 戶籍謄本
健康狀況	有無特殊疾病 準備下列資料：醫院健康檢查
家庭成員概況	家庭成員狀況，婚姻、生子、身體狀態、有無共同生活等
家庭支持系統	家庭成員間之非正式支持系統或社政之支持系統等 準備下列資料： 照片顯示支援系統健全，且與子女有親密之感情互動。
婚姻與交友狀況	雙方是否尚有婚姻關係或訴訟中等，有無再婚或同居人等
居住情況與環境	居家配置／兒童活動空間與安全上之處理／是否鄰校區與公園等 準備下列資料： 居家照片與說明（ppt）
經濟狀況及就業史	提供就業紀錄及證明

生活休閒安排／嗜好和興趣	確認有無不良嗜好等
親職能力	有無親自照顧子女之經驗／教養子女之方式／對子女健康及興趣等觀察（詳教養計畫書）
爭取監護權意願及動機	
探視安排計畫	（詳會面交往計畫）
扶養費用	有無過往支出紀錄等
警察刑事紀錄	
過去有無照顧兒童不當或疏忽的情事	
有無聲請保護令	

子女現況	年紀／就學／國籍／居住地點等 提供戶籍謄本
子女健康情形	有無特殊疾病史，如有，提供診斷證明書
子女會面交往之安排	（**詳會面交往計畫**） 如有會面交往的疑慮者，具體情形為何？
子女有無親子疏離／目睹暴力情形	如有，具體情形為何，如何處理
子女有無特殊醫療情形	如學習遲緩或過動，如有，提供評估報告
子女才藝課之安排	（如符合子女發展之規畫原則）
如何建立友善父母的安排	1如有親子疏離情形，如何處理？ 2如有子女忠誠議題，如何處理？ 3如何與對方降低對立關係，擔任共同父母？ 4如何擔任共同父母的方式，如： □是否願意告知子女現居住地及學校？ □是否願意透過簡訊或郵件溝通、子女聯絡簿，或電話、見面時溝通

□如何避免不讓子女涉入婚姻議題？

□是否願意將子女照片、影片提供對方？

□是否願意讓子女與對方自由聯絡？

□是否願意在探視時交付子女健保卡？

□是否願意提供子女就醫紀錄與必要性藥物？

□是否願意提供子女在家中的玩具或睡覺時的玩偶或棉被？

□是否願意讓子女與對方其他家庭成員互動？

□是否願意讓對方參加子女學校懇親會或與老師聯繫？

□是否願意與對方與子女聚餐或旅遊？

□是否願意共同建立小孩固定作息？

□如子女有特殊狀況，如接受諮商，是否願意讓對方共同參與並討論？

□是否願意共同分擔子女扶養費用？

□是否願意共同討論子女課輔或才藝課？

□是否願意共同建立子女行事曆及筆記本（參照顧計畫）？

□是否願意接受共同諮商？

□是否願意協助子女與對方會談或諮商？

●發展之規畫原則

規畫原則	親職能力之培育與幼兒身心發展之階段性之運用	備註
活動之安排以適合現有年齡之身心發展為優先考慮。	1.圖示時期 此時期孩子年齡約在五～九歲，伊具有強烈的幻想創意，若能再此時給於孩子色彩性的、結構性的教育，孩子透過即興式的主題創作，可以得到發揮。父母常為適當引導，以培養孩子創意發展。 2.寫實時期 孩子在九～十二歲，將正式進入繪畫的尷尬時期，就好像孩子成長到青春時期，理解能力高，知道明暗、比例、光影的變化。然而手低眼高，很容易受到表現瓶頸的挫折。 3.色彩教育、美術史的介紹，多元的創作媒材，可以滿足這個階段的孩子同時引導孩子走向創意取向的創作。	理論依據 http://s22619164.world.edoors.com/CqNaN8Nb-I7g

雙語能力之栽培：以自然發展為主要考慮。	1.實證中，年紀小的孩子學外語的成果並不比年紀大的孩子或成人好。SusanErvin-Tripp（一九七四）研究發現九歲兒童在構詞（morphology）及句法（syntax）上的能力都比四歲幼兒好，因為九歲兒童在解決問題和歸納法則的能力比四歲幼兒強。Snow 和 Hoefnagel-Hohle（一九七八）研究三組以英語為母語的受試者（六至十歲孩童，十二至十五歲青少年，和十五 歲以上的成人）在荷蘭學荷語的情形，發現青少年組學荷語進步速度最快，成人次之，六至十 歲小孩最慢。 2.研究發現，十歲左右是學習文化差異的最佳時期，因為此時期的兒童傾向將「差異」與「有趣」連結；十歲以後則將「差異」與「不好」連結。十歲前的兒童較具好奇心，有興趣，而且對外來文化抱持開放態度，正好可在這好奇、探索、有興趣的階段實施外語教學。 3.提倡幼兒外語學習，不是要幼兒成為外國人，而是藉二種語言或多種語言的觀察及比較，來提高語言能力及文化欣賞的素養，並用獲得的外語知識和外國文化來促進本身的全面發展。	理論依據 http://www.nhu.edu.tw/~society/e-j/67/67-30.htm

●會面交往計畫（適用於任一方）

可試行在一整年照顧表標示內容（參考276頁的照顧計畫表）（此表內容參考防制父母搶奪子女聯盟所製未成年子女照顧計畫手冊）	
○～三歲	◎為了幫助嬰幼兒發展對於父母的歸屬感，與父母分離的時間必須盡可能短，以減少焦慮感、維持依附的安全感，並且讓嬰幼兒和父母相處都感到舒服、愉快。嬰幼兒很難對於不在身邊的父母培養出記憶。嬰幼兒對於時間缺乏概念，需要可預測模式下，頻繁、持續的接觸。分離焦慮症在十五至二十個月大的嬰幼兒身上最嚴重。雖然對於這段發展期的嬰幼兒而言，在父和母兩處互換時，哭泣和黏人是很正常的，但是大部分孩子很快可以由父或母一方安撫。 ◎安排這階段小孩會面交往時應注意事項 ●依附程度：子女對父母的依附程度可以從信任程度、安全感及父母子女關係的緊密程度來決定，例如，孩子感到害怕時會找誰依靠？孩子累了、病了，會找誰依偎？哭泣時，孩子會尋求誰的安慰？這些都是依附關係的表現。如果父或母一方與嬰兒到三歲幼兒已經有一段時間沒有接觸，或沒有參與子女日常照顧，與子女的接觸應該緩步開展、增加，以利子女適應並感到安心 ●為了提昇子女的信任及安全感，較少接觸子女的父母，在與孩子相處時，應該花較長的時間親自照顧子女，避免假手他人，以培養與孩子之間的感情。 ●子女飲食、藥物、每日作息時間的資訊，應由與子女同住的父母提供。 ●為了和子女溝通其安全感，最好由同住的父或母將子女送到他方父母處。

〇～三歲	●子女由一方到他方處，應該迅速且準時。 ●可讓子女隨身攜帶讓他感到安心的物品，例如特定的玩具、玩偶、小毛毯等。 ●子女與父母接觸的日子應該要持續，不該變動頻繁。 ◎建議： 當子女對於父或母一方的依附較弱時，子女與此方相處時顯然較無法感到放鬆及安全感，因此必須先透過頻繁的接觸，並漸進式地增加接觸時間，且不過夜的方式，讓子女對此方增加熟悉度與安全感。然後才能進入固定形式的會面方式。建議初期漸進方式為 ●第一週及第二週：每次拜訪約二小時，每週三天（非連續日） ●第三、四及五週：每次拜訪約三至四小時，每週三天（非連續日） ●第六週和第七週：每次拜訪約五至六小時，每週三天（非連續日） ◎以下方案是以子女與父母子女對於父及母的依附都很強（子女與父或母相處時都感到放鬆及安全感）來規畫。如果子女一直都是由一方照顧，那另一方必須先按照前述頻繁、時間由短而長的漸進式接觸開始，等子女與其有相當依附程度後，再改用下列方案之一 ＊以下選項取決於子女的年齡、成熟度、和一方父母接觸的模式、家庭生活風格及手足是否在場。對於較少接觸的一方父母，會面的頻率應隨時間逐漸增加。

○～三歲

方案	子女照顧時間安排	備註
方案一	甲方：週二、週四　點至　點 週六　點至週日　點 乙方：其他所有時間	週間每次三小時。週末包括過夜為二十四小時。
方案二	甲方：週三　點至　點 週六　點至週日　點 乙方：其他所有時間	週間每次三小時。週末則為一．五天。
方案三	甲方：週三　點至　點 週五　點至週日　點 乙方：其他所有時間	週間每次三小時。週末則從週五傍晚到週一上午。

＊父母可以合意選擇以上任一種方式
特別節日之安排（清明、端午、中秋節等）
紀念日之安排（父親節、母親節、雙方及子女或祖父母生日等）

三歲以上、未滿六歲（學齡前）
◎安排這階段小孩會面交往時應注意事項 ●對於學齡前幼兒而言，持續性、可預測性及穩定性都很重要。 ●這個階段的孩子可以依據有顏色標註的行事曆，來瞭解父或母的時間分配。 ●這個階段的孩子可以理解父母雙方作法可能有所不同，或不同的地方規矩不一樣。 ●學齡前兒童可以和父或母一方過夜；然而以週為單位的交替對他們來說可能顯得很長，他方父母在一週當中進行探訪是有必要的。 ●對於這個階段大多數的兒童，應避免讓他們接觸到父母的衝突。目睹父母的衝突可能焦慮和行為退化。 ●幼兒作惡夢是很常見的，他們的焦慮常顯現為懼怕或惡夢。作惡夢不表示與一方父母相處得不順利。 ●幼兒非常自我中心且不喜歡從一個自己有興趣的活動變換到另一個活動。例如，他們可能會在被帶到托兒所或離開托兒所時哭泣。在父母間更換時，也可能有類似的反應。 ●如果父或母一方來接時子女哭泣，可能只表示子女討厭更換處所；而這樣的事件也不應該一律被解讀為子女和該方父母有相處上的問題。 ●子女與父母接觸的日子應該要持續，不該變動頻繁。 ◎以下選項取決於子女的年齡、成熟度、和一方父母接觸的模式、家庭生活風格及手足是否在場。

三歲以上、未滿六歲（學齡前）

方案	子女照顧時間安排	備註
方案一	甲方：任選週末：週六及／或週日　點至　點 乙方：其他所有時間	每週擇週六或週日一天，不過夜。
方案二	甲方：任選週末：週五　點至週日　點 及週三　點到　點 乙方：其他所有時間	每週週五傍晚到週日，以及每週三有三小時的時間
方案三	甲方：任選週末：週六　點至週日　點 及週二及週四　點到　點 乙方：其他所有時間	每週週六到週日，以及週間有兩天、每天三小時的相處
方案四	甲方：週六傍晚到週三早上 乙方：週三下午到週六傍晚	本方案是孩子不變動住所，由父母變更住所，以免子女適應困難。

＊父母可以選取多個方案進行組合特別節日之安排（清明、端午、中秋節等）紀念日之安排（父親節、母親節、雙方及子女或祖父母生日等）

六歲以上、未滿十二歲（小學階段）

◎安排這階段小孩會面交往時應注意事項

多數六歲到十二歲的孩童可以從容的在父母雙方家中往返，有一部分則是在有主要住所地的狀況下，比較容易適應。子女的學校行事曆、課後活動、父母的工作行事曆，以及交通運輸及監督的提供，是這個年齡的孩童的生活照顧計畫中非常重要的因子。穩定性、可預測性、確保子女為學校生活作好準備、避免子女面對父母的衝突，對於子女的適應都非常重要。

●父母必須持續溝通，建立起一致的規則、架構及生活紀錄。

●在父母間交接換手時，應盡速完成交接子女的工作且避免衝突，以減少子女在交接過程中面對的壓力，例如將子女交接給對方並完成資訊交換後，即盡速與子女道別並離開現場，子女情緒的安撫應該是接手方的工作。

●在父母間交接時，可以從一方處接走，送回到學校或安親班。

●父母一方不得片面在他方會面交往的時間中，安排課外活動，影響與子女的相處。

●有調整行事曆必要時，父母雙方應達成共識，並提早處理。

●當原訂計畫變動時，父母雙方應妥善溝通。

●父母不應把子女當作傳話筒，而應直接和他方溝通。

●雙方各自於照顧子女期間，均須擔負功課督促的工作，並協助孩子準備學校備用物品，例如隔天要用且須事先採買的文具或用品等。

●子女與父母接觸的日子應該要持續，不該變動頻繁。

◎建議

六歲以上、未滿十二歲（小學階段）

方案	子女照顧時間安排	備註
方案一	甲方：每月任選週末一天： 週六及／或週日　點至　點 及週三傍晚　點至　點 乙方：其他所有時間	週末單天＋週間一次數小時 適用於父母住所接近、希望多參與週間子女生活或因工作需要相互支援照顧子女者
方案二	甲方：每月任選一個週末： 週五　點至週日　點 及週三　點到　點 乙方：其他所有時間	週末三天＋週間一次數小時 適用於父母住所接近、希望多參與週間子女生活或因工作需要相互支援照顧子女者
方案三	甲方：每月任選一～兩個週末： 週六　點至週日　點 及週二及週四　點到　點 乙方：其他所有時間	週末二天＋週間二次數小時 適用於父母住所接近、希望多參與週間子女生活或因工作需要相互支援照顧子女者
方案四	甲方：週六傍晚到週三早上 乙方：週三下午到週六傍晚	這兩個方案必須是子女未變更住所，由父母變更來達成，否則不建議。
方案五	甲方：任選幾週和甲方共度 乙方：任選幾週和乙方共度	

六歲以上、 未滿十二歲 （小學階段）	＊父母可以選取多個方案進行組合 寒暑假之特別共同生活日 春假之特別安排 特別節日之安排（清明、端午、中秋節等） 紀念日之安排（父親節、母親節、雙方及子女或祖父母生日等）
十二歲以上、 未滿十五歲 （國中階段）	◎安排這階段小孩會面交往時應注意事項 青少年期間正逐步發展其獨立於父母的個體性，通常將焦點放在家庭外的活動和人際關係。同時，他們仍然持續需要和父母的接觸，以及從父母身上得到行為的準則。青少年通常希望更獨立，並且可以對自己的生活安排表示意見。讓子女對於生活安排表示意見是有幫助的，但同時間也要強調父母有最後的決定權。接受子女漸漸有能力照顧自己、自己決定的關鍵是彈性，同時仍應確保子女可規律的接觸到父母雙方。 ●少年常會對於父母的離異感到生氣或丟臉，且可能偏向一方。父母應該要對於這些感受較為敏銳，但還是應該鼓勵子女持續與他方往來。 ●接近成年的少年可能會抗拒嚴格的行事曆，且可能想要根據學校或校外活動調整。 ●即便少年參與課外活動會影響與父母一方的會面時間，父或母仍應給予支持。 ●為了支持少年校內外的活動，父母間有效的溝通和合作是必要的。

十二歲以上、未滿十五歲（國中階段）

●即便應該考慮子女的意見，協商並訂定生活照顧計畫終究是父母的責任。
●父母不應把子女當作傳話筒，而應直接和他方溝通。
●彈性和溝通是維繫正面親子關係的關鍵。
●父母不應依賴子女作為情感支柱。
●少年在跟一方父母相處較長時間後，常會希望和他方有較長時間相處或共同生活。從少年人格發展的角度觀之，這是好的，因為少年正在努力建立自己的個體性，而且常需要和他方父母有意義的接觸，可成功形成少年的自我概念。
●子女與父母接觸的日子應該要持續，不該變動頻繁。

◎建議

方案	子女照顧時間安排	備註
方案一	甲方：隔週週末（週五　點至週日　點） 乙方：其他所有時間	隔週週末二．五天
方案二	甲方：隔週週末（週五　點至週日　點）及每週週間會面（週三　點到　點） 乙方：其他所有時間	隔週週末二．五天＋週間一次數小時 適用於父母住居所近，且不影響子女週間的就學交通

十二歲以上、未滿十五歲（國中階段）		
方案三	甲方：隔週週末（週五　點至週日　點）及每週週間過夜（週三　點到隔天　點） 乙方：其他所有時間	隔週週末二．五天＋週間過一夜 適用於父母住居所近，且不影響子女週間的就學交通
方案四	甲方：隔週週末（週五中午至週一早上）及每週週間過夜（週三　點到　點） 乙方：其他所有時間	隔週週末三天＋週間過一夜 適用於父母住居所近，且不影響子女週間的就學交通
方案五	甲方：週一下午到週三早上 週五下午到週六／週日 乙方：週三下午到週五早上 週六／週日到週一早上	高中以上的年紀，在徵求孩子的同意後，就可以兩邊輪流住，輪流的方式可視雙方與孩子的作息而定。
方案六	以一週為週期，輪流和雙方住	
方案七	以十四天為週期，輪流和雙方住	

十二歲以上、未滿十五歲（國中階段）	＊父母也可以選取多個方案進行組合 寒暑假之特別共同生活日 春假之特別安排 特別節日之安排（清明、端午、中秋節等） 紀念日之安排（父親節、母親節、雙方及子女或祖父母生日）
十五歲以上（高中階段）	尊重子女意願與他方會面交往

● 照顧計畫表（合併友善父母及會面交往規畫）

父母可以用以下的表格來作成生活照顧計畫。時間和父母姓名可以填入空格中，來特定每個父母的會面交往期間。此處提供傳統的月曆和每週工作表來作每週日常生活的安排。在假期和學校長假部分，其中的空格可以適用在傳統學校和無暑假的學校，也可以同時讓父母雙方填入假期安排。各種常被慶祝的節日都被標註在其中，以提醒父母。另也有空格可讓父母填入家庭假日和特殊日子。

平日每週計畫表

	週日	週一	週二	週三	週四	週五	週六
第一週							
第二週							
第三週							
第四週							
第五週							

平日每週計畫表

	時間	每週	輪替週	第一週和第三週	第二週和第四週	第五週
週日						
週一						
週二						
週三						
週四						

週五						
週六						

假期和學校長假行事曆

	時間	每年	雙數年	單數年
寒假前半段				
寒假後半段				
春假前半段				
春假後半段				
暑假前半段				
暑假後半段				
假期——				
假期——				

假日行事曆

	時間	每年	雙數年	單數年
除夕／新年				
和平紀念日				
兒童節				
清明節				
母親節				
端午節				
父親節				
中秋節				
教師節				
國慶日				

● 父母可以約定好該週與子女共度者，增加該假日，或將該日指定給其中一方。

假日行事曆（續）				
	時間	每年	雙數年	單數年
子女生日				
其他：				
其他：				
其他：				
其他：				
其他：				
其他：				
其他：				
其他：				

監護權之安排

類型	內容
單方監護	原則：對於未成年子女權利義務行使或負擔單方決定 例外1（共同決定事項）： □移民 □遊學 □變更國內住所地 □學籍 □入出境 □才藝課程 □保險 □銀行開戶 □一般醫療（含施打預防針） □侵入性之醫療（手術等） □非必性醫療（整形、牙齒矯正） □國內旅遊 □國外旅遊 □置產 □其他 例外2（單方決定，但應通知對方事項）： □移民 □遊學 □變更國內住所地 □學籍 □入出境 □才藝課程 □保險 □銀行開戶 □一般醫療（含施打預防針） □侵入性之醫療（手術等） □非必性醫療（整形、牙齒矯正） □國內旅遊 □國外旅遊 □置產 □其他

共同監護	子女1： ◎主責照顧者（與子女共同生活者） □男方 □女方 子女2： ◎主責照顧者（與子女共同生活者） □男方 □女方 ◎主責照顧之時間 □子女______歲 □至子女成年止 □尊重子女之意願 ◎原則：雙方共同決定 主責照顧者單方決定事項 □子女住居所地 □就學時間（是否就讀幼稚園） □學籍（包括就學地點及學校） □入出境 □才藝課程 □保險 □銀行開戶	□一般醫療（含施打預防針） □侵入性之醫療（手術等） □緊急性醫 □非必性醫療（整形、牙齒矯正） □國內旅遊 □國外旅遊 □置產 □其他 雙方均得單方決定事項，但應通知對方事項 □才藝課程 □保險 □銀行開戶 □一般醫療（含施打預防針） □侵入性之醫療（手術等） □非必性醫療（整形、牙齒矯正） □國內旅遊 □國外旅遊 □置產 □其他

好散，也是一種幸福（二版）

作者賴芳玉

封面設計葉馥儀　**內頁插圖**張硯庭　**內文排版**林鳳鳳
責任編輯劉素芬　**副總編輯**林獻瑞　**印務經理**黃禮賢

社長郭重興　**發行人兼出版總監**曾大福
出版者好人出版 新北市新店區民權路 108 之 1 號 8 樓
電話 02-2218-1417#1260 傳真 02-8667-1065
發行遠足文化事業股份有限公司　新北市新店區民權路 108-3 號 3 樓
電話 02-2218-1417 傳真 02-8667-1065
電子信箱 service@bookrep.com.tw　網址 http://www.bookrep.com.tw

郵政劃撥 19504465　遠足文化事業股份有限公司
法律顧問華洋法律事務所　蘇文生律師
印製成陽印刷股份有限公司　電話 02-2265-1491

初版 2015 年 7 月 1 日
二版 2020 年 1 月15日　定價 380 元
ISBN 978-986-98430-9-6

國家圖書館出版品預行編目資料
好散，也是一種幸福 / 賴芳玉作 . -- 二版 . -- 新北市 :
好人出版 : 遠足文化發行 , 2020.01
　面；　公分 . -- (女力星球 ; 3)
ISBN 978-986-98430-9-6 (平裝)
1. 家事事件法 2. 通俗作品
584.4　108020119

讀者回函 QR Code
期待知道您的想法